KB008799

수학의 선물

수학의 선물

수학을 하는 것과 인생을 사는 일의 공명에 관하여

모리타 마사오

박동섭 옮김

数学の贈り物

원더박스

한국 독자분들께

이 책은 제가 일본어로 쓴 열아홉 편의 글을 모은 에세이집입니다. 제목이 '수학의 선물'이긴 합니다만 수학만이 주제는 아닙니다.

저는 특정 대학이나 연구 기관에 속하지 않고 바깥에서 학문을 계속하는 독립 연구자로 지냅니다. 그런 삶 속에서 생각해 왔던 것을 정리한 첫 책《수학하는 신체》(박동섭 옮김)는 2016년 여름 한국에 소개되었습니다. 그 후 한국 각지에서 〈수학 연주회〉라는 강연회를 20회 가까이 열어 왔습니다.

저는 근대 유럽에서 탄생한 학문 제도와 상식을 당연한 것 혹은 불변의 진리로 여기지 않고 저 자신의 말과 사고를 토대로 학문의 가능성을 '1'부터 추구하는 활동을 지금껏 해 왔습니다. 그 취지에 공감하고 함께 생각을 펼쳐 나갈 여러 친구를 한국에서 만날 수 있었던 건 정말로 감사한 일이라고 생각합니다.

《수학의 선물》은 특정 분야의 전문가로서 쓴 책이 아닙니다. 어디까지나 한 명의 '인간'으로서 이 세계를 더 잘 살려고 모색한 결과물입니다. 세계는 그저 분석되기를 기다리는 '무기질'도, '무미건조한' 기계도 아닙니다. 지금도 우리와 함께 시시각각 계속 변하고 있습니다. 그 세계의 일부로서 '세계는 무엇인가?'라고 묻는 것이 아니라 '세계는 무엇일 수 있을까?'라고 계속 물을 때 비로소 학문과 삶은 떼려야 뗄 수 없는 관계가 될 것입니다.

이 책을 쓰면서 제 모어母語인 일본어로 쓰는 것을 쭉 의식했습니다. 일본어이기 때문에 쓸 수 있는 것, 생각할 수 있는 것이 있지 않을까 생각했습니다. 그렇다고 해서 일본어가 다른 언어보다 뛰어나다고 주장하는 것은 물론 아닙니다. 모든 사람에게는 모어가 있고, 그 모어가 사용자 자신의 사고를 깊게 제약함과 동시에 사고의 버팀목이 된다는 자각으로부터 출발해서 저 자신의 사고를 글로 표현하고 싶었습니다.

일반적으로 수학은 보편적인 학문이라고 일컬어지지만 수학 또한 문화와 언어의 제약으로부터 벗어날 수 없습니다. 근대 유럽에서 대부분이 만들어진 수학에는 근대 유럽이라는 한계가 둘러쳐져 있는 것입니다. 그 수학에 대해 일본어로 생각하고 일본어로 말하는 행위를 통해 수학에 새로운 풍경을 펼쳐 보일 수 있지 않을까, 그리고 그런 행위가 우리에게 가져다

주는 선물로서 일본어에 새로운 생명을 불어넣을 수 있지 않을까, 저는 기대하고 있습니다.

이런 책을 한국어로 번역하는 일은 틀림없이 고되었을 것입니다. 박동섭 선생님은 제 글을 번역하실 뿐만 아니라 제 강연회에서 통역도 해 주십니다. 그럴 때마다 제 말의 표층뿐만 아니라 제 사고의 바탕에 있는 깊숙한 암묵의 차원tacit dimension까지도 섬세하고 정성스럽게 길어 올려서 한국인분들께 전해 주었습니다. 이 책을, 제가 깊이 신뢰하는 박동섭 선생님의 번역으로 여러분께 '선물'할 수 있음을 진심으로 기쁘게 생각합니다.

생활에서 길어 올린 언어와 스스로의 생각으로 학문을 키워 나가는 것. 그러한 결의와 결기를 나눌 수 있는 새로운 벗과의 만남을 진심으로 기대합니다.

2019년 7월 26일

모리타 마사오

여는 글

우연의 선물

얼마 전, 곧 세 살이 되는 아들이 "아빠, 누군가 잃어버린 물건을 찾으러 가자!"라고 말했다. 주위는 이미 어두웠지만 아들과 나는 함께 밤의 '철학의 길'[1]에 나섰다.

아들은 곧바로 큰 회중전등을 손에 들고 뭔가를 찾는 모습으로 멈춰 서서 지긋이 지면을 들여다본다. 별로 특별할 것도 없는 자갈 무더기를 자못 신중한 표정으로 탐색하다가 갑자기 외친다. "찾았다!"

우연이란 무엇인가. 첫째, 그것은 있을 수도 있고 없을 수도 있는 것이다. 둘째, 무엇과 무엇이 만난 것이다. 셋째, 드물게밖에 일어나지 않는 것이다. 이런 식으로 우연을 논한 이는 철학자 구키 슈조九鬼周造, 1888~1941다. 기묘하게도 아들 녀석은 구키가 잠들어 있는 무덤 근처에서 지금 우연히 작은 돌과 만난 것이다.

눈앞의 별것 아닌 사물이나 현상을 있을 수도 있었고 없을 수도 있었던 '우연'으로서 발견할 때 사람은 놀라는 동시에 '고맙다'고 느낀다. '지금'present이 있는 그대로 '선물'present이라고 실감하는 때가 바로 이런 순간이다.

5년 전부터 계절마다 계속 써 온 열아홉 편 에세이를 이 한 권의 책에 담았다. '지금'이라는 선물은 언제나 눈앞에 있다. 나는 단지 이 감동을 나의 말로 잡아 보려는 것이다.

하여 '수학'만이 이 책의 주제는 아니다. 때론 수학의 개념과 사고를 실마리로 삼으면서 맹자와 장자, 도겐과 바쇼, 프란시스코 바렐라와 앨런 케이를 비롯한 모든 분야의 선현들이 내 말의 단서가 된다. 내 수중에 없는 뭔가를 얻으려고 하는 것이 아니라 처음부터 수중에 있던 것을 붙잡는다. 그것을 위해서 나는 내 존재 전부를 사고로 채우려고 했다. 학문 분야와 장르 구별은 애당초 염두에 없었다.

한 권의 책이 탄생하기까지는 거기에 쓰이지 않은 수많은 말들이 있었다. 있을 수도 있었고 없을 수도 있었던 가능성을 머금은 채, 머뭇거림과 서성거림 그리고 망설임 끝에 쓰이지 않은 채로 끝난 말들이 있다. 구키 슈조의 말대로 "우연성에서 존재는 무無에 직면하고 있는" 것이다.

이 책에 담은 에세이를 다시 읽어 보면서 한 편 한 편의 글을 쓴 그때그때의 풍경을 떠올린다. 아들과 뛰어놀던 들판, 꽃병에 꽂혀 있던 갯질경 꽃, 파리에서 마신 아침의 과일 주스, 병원까지 뛰어간 날의 비 내리던 거리…….

그렇게 되었던 모든 것은 그렇게 되지 않을 수도 있었다. 무에 직면하면서도 무로 전락하지 않고 우연히 그렇게 되었던 모든 것의 끄트머리에서 이 한 권의 책이 탄생했다.

나는 이 우연에 놀란다. 이 우연이 독자에게도 기쁨이기를.

아무쪼록 천천히 마음껏 즐기시길 바라며.

---

1 철학자 니시다 기타로가 자주 걸으며 사색을 했다고 알려진 교토 시 은각사 주변 산책로.(옮긴이)

차례

이 책은,

1. 〈숫자가 태어난다数が生まれる〉.《엄마의 친구母の友》. 2018년 9월호.
2. 〈간격의 저편에서隔たりの彼方から〉. 《스바루すばる》. 2018년 11월호.
3. 〈수학의 선물数学の贈り物〉. 《모두의 미시마 매거진みんなのミシマガジン》(mishimaga.com) 2014년 1월~2019년 1월.

을 토대로 전면 보완 및 수정을 해서 한 권의 책으로 재구성한 것입니다.

일러두기

- 옮긴이가 단 주석에는 맨 뒤에 '(옮긴이)'라고 표기했다. 표기가 없는 주석은 모두 저자가 단 주석이다. 옮긴이가 덧붙인 간단한 단어 설명은 별도 표기 없이 본문 괄호 안에 넣었다.
- 단행본과 잡지(웹진 포함)는《 》, 논문, 연재물, 시, 단편, 강연, 영상은 〈 〉로 기호를 구분하여 표기했다.
- 국내에 번역 출간된 단행본은 한국어판 제목으로 표기하고 원서 제목을 병기하지 않았다. 국내에 번역 출간된 단행본이더라도 문맥에 따라서는 한국어판 제목 대신 저자가 매긴 제목으로 표기했다.

I

목숨을 겖捨身[1]

홍법대사弘法大師 구카이空海[2]는 아직 속명인 마오眞魚로 불리던 일곱 살 때 표고 481미터의 와시노 산에 올라 절벽에서 스스로 몸을 던졌다. "나에게 중생을 구할 힘이 있다면, 석가여래여, 모습을 보여 주소서. 그러지 않으시면 이 몸을 여러 부처들께 바치겠나이다."

그렇게 죽음을 각오하고서 마오는 미련 없이 절벽에서 뛰어내렸다.

전설에 따르면 이때 갑자기 자줏빛 상서로운 구름과 함께 석가여래가 출현하고 구름 속에서 천녀가 마오를 부드럽게 감싸 안았다고 한다. 모든 집착을 손에서 놓았을 때 사람은 주위를 가득 채우고 있는 것들의 배려에 눈을 뜬다. 무방비로 깊은 어둠 속에 모든 것을 내던질 때 사람은 '어딘가에서 부드럽게 받아 주는 불가사의한 사랑의 팔'에 안긴다.[3] 손에서 놓으면 놓을수록 나타난다. 포기하면 포기할수록 미더워진다. 이 역설에 마음의 본질과 그것이 작동하는 방식의 신비가 감추어져 있다.

언젠가 프란시스코 바렐라Francisco Varela.1946~2001는 그 너무나도 빠른 죽음을 앞두고 자애 가득한 미소를 지으며 이렇게 중얼거렸다.

> Life is so fragile, and the present is so rich.
> (인생은 부서지기 쉽고, 지금은 실로 풍요롭다.)

바렐라는 20대 무렵에 칠레의 생물학자 움베르토 마투라나Humberto Maturana. 1928~와 함께 '오토포이에시스'[4]라는 개념을 제창하고 생물학과 인지과학 분야에서 눈부신 활약을 했다. 그리고 만년에는 티베트 불교에 귀의해 과학과 불교 연구에 몰두하고, 나아가 양자의 방법을 통일하고자 했다. 그 사상이 한창 원숙미를 더하고 있을 때 C형 간염이 발병했고 그것이 간암으로 진행하여 쉰넷에 세상을 떠났다.

"Life is so fragile"이라는 말은 그런 만년의 바렐라에게 절박하게 다가온 실감이다. 지금 당장에라도 끊어질 듯한 목숨과 확실한 근거에 매달리려고 하면 할수록 어둠은 점점 깊어질 뿐이다. 오히려 일체의 집착에서 벗어나 모든 근거를 손에서 놓았을 때 풍요롭고 생생한 '지금'이 출현한다. 그것을 바렐라는 불교에서 배웠다.

'삶의 덧없음'과 '지금의 풍요로움'은 같은 현실의 양면이다. 동전의 양면과 같은 것이다.

오히려 삶이 부서지기 쉽기 때문에, 그 연약함과 덧없음을 그대로 받아들일 때 거기서 출현하는 '지금의 지금'이 눈부시게 풍요롭다. 삶에 대한 헛된 꿈을 단념하는 것이 바로 '지금'의 풍요로움에 눈뜨는 길이다. 죽음을 맞이하기에는 너무나도 젊었던 바렐라도 쇠약해져 가는 몸을 살아 내면서 '불가사의한 사랑의 팔'에 안겨 있었을 것이다. 물론 이때의 팔은 그냥 사랑의 팔이 아니라 자애로 가득한 사랑의 팔이었다. 그는 마지막 순간까지 "the present is so rich" 안에 있었다.

과학의 최전선에서 활약하면서도 과학에는 '지금의 풍요로움'이 결여되어 있다고 엄격하게 따진 이가 바로 바렐라였다. 그의 저작 《신체화된 마음The embodied mind》[5]에서 그는 다음과 같이 말한다.

> 과학은 '마음이란 무엇인가', '신체는 무엇인가'를 묻고 이론적으로 반성하고 분석한다. 이렇게 해서 다양한 주장이 탄생하고 실험이 이루어지고 몇 가지 '결과물'이 나왔지만, 그 과정에서 '애당초 그 물음을 던지고 있는 이는 누구인가'라는 근본 전제가 종종 망각된다. 그렇게 해서 그 물음은 그걸 묻는 살아 있는 '현재'와는 인연이 없는 '누구의 것도 아닌' 것으로서 공중에 붕 떠 있다.

애당초 "사물과 얽히고설키며 살아가는 대신 사물을 [바깥에서] 조작하는 쪽을 선택하는" 것에 과학의 강점이 있다. 그런데 바렐라가 주장하는 인지과학에서는 지금까지의 방법론이 통용되지 않는다. 마음을 이해하려고 하는 것 또한 바로 그 당사자의 마음이기 때문이다. 인지과학의 대상은 인지과학을 하는 마음으로부터 분리할 수 없는 것이다.

같은 책에서 바렐라는 데카르트 이후 300년 동안의 과학과 철학의 역사를 돌아보면서 서양 근대 사유의 맹점을 폭로해 나간다. 그는 '경험을 도외시한 신체와 마음의 존재론적 관계'를 묻는다. 인간 몸과 마음의 상호 작용을 묻는 이른바 '심신 문제'란 철학자들의 '탈脫신체화된 마음'의 소신에 지나지 않는다고 갈파한다.

서양의 과학과 철학이 존재의 확실한 근거와 기초를 찾는 노력을 쌓아 오는 동안 근거에 집착하는 마음의 경향 자체가 문제시되는 경우는 없었다. 반면 불교에서는 근거를 향한 집착을 놓는 것이 모든 탐구의 출발점이다. 자아와 근거를 향한 집착을 벗어난 삼매의 경지에서 비로소 고요한 '현재'가 모습을 드러내고, 이윽고 '현실의 경험에서 신체와 마음의 관계'가 탐구되기 시작된다. 탐구에 대한 욕구와 집착에 묶여 있어서는 마음과 신체의 문제를 애당초 옳게 물을 수조차 없는 것이다.

바렐라의 호소는 수학자 오카 기요시岡潔. 1901~1978가 만년에 한 말을 떠올리게 한다. 오카 기요시 역시 자아와 근거를 향한 집착을 경계하고, 실감으로 시작해서 실감으로 끝나는 새로운 과학을 시작하려고 한 사람이다.

> '자아'를 자신이라고 본다면 자신은 육체가 죽으면 죽는 것으로밖에 생각할 수 없다. 그에 따라 죽음에 대한 공포를 반드시 느낀다. 이에 비해서 '진아'眞我[6]를 자신이라고 알게 되면 아득한 옛날부터 계속되어 온 느낌이 동반되어 실제 계절이 무엇

이든 상관없이 봄의 계절감이 반드시 동반된다.

-〈자기는 무엇인가自己とは何ぞ〉,《오카 기요시 '일본의 마음'岡潔「日本の心」》

수학의 본질은 아직 보이지 않는 연구 대상에 관심 모으기를 그만두지 않는 것이다. 그때 자신도 완전히 그 대상이 되지 않으면 안 된다. 대상으로부터 분리된 '자아'가 아니라 대상과 서로 통하는 '진아'를 살아야 한다. "진아를 자신이라고 생각하면 우리의 이 일생이 길고 먼 여행을 하는 과정 중의 하루처럼 생각된다."라고 오카는 말했다.

오늘은 새해 첫날이다.

오래전 사와키 고도澤木興道, 1880~1965 선사에게 제자가 찾아와 "새해가 밝아서 경사스럽습니다."라고 별 생각 없이 인사했다.[7] 그러자 선사는 "무엇이 경사스러운가? 무엇이 경사스러운가?"라고 말하며 한걸음씩 제자 쪽으로 다가갔다.

정월이기 때문에, 혹은 새해 첫날이기 때문에 경사스럽다고 여기는 그런 상대적인 경사스러움이 아니라 눈앞의 풍요로운 지금에 눈뜨자. 이 '지금의 지금'에 있는 절대의 경사스러움이야말로 기뻐해야 하는 것이다. 고도 선사는 말의 바깥에서 그것을 전하려고 한 것이 아닐까.

정월이다. 그리고 새해 첫날이다. 그리고 무엇보다도 눈부시게 아름다운 '지금의 지금'이 있다. 오카 기요시가 시인의 언어로 노래 부르고, 프란시스코 바렐라가 명이 다할 때까지 최선을 다해서 새롭게 빚어내고 숨결을 불어넣고자 한 사상으로부터 우리는 아직 많은 것을 배우지 않으면 안 된다. 그들은 시인이고 종교인이고 새로운 시대의 과학자였다.

과학이 21세기에서도 여전히 인류에게 꼭 필요하고 살아 있는 활동으로 유지되기 위해서는 지금의 풍요로움을 끌어안지 않으면 안 된다. 오카와 바렐라가 걸은 삶의 길은 우리에게 맡겨진 메시지이고 '풍요로운 선물'이다.

부디 올해에도 경사스러운 정월을 보내시길 바랍니다.

2014년 1월 1일

---

1 사신捨身: 불법佛法을 구하거나 중생衆生을 구제하기 위하여 자기 목숨을 버림.(옮긴이)

2 구카이(空海. 774~835): 진언종의 창시자로, 일본인이 가장 추앙하는 고승. 속명은 사에키 마오佐伯眞魚. 포교보다는 학문과 정치

활동에 치중하던 불교 교단에 반발하여 실천을 중시하는 신앙 불교를 제창했다. 수행 중 동굴 안으로 별이 들어오자 놀라서 동굴 밖으로 뛰쳐나간 마오는, 하늘(空, 허공)과 바다海를 보고 깨달음을 얻고서 스스로를 구카이空海라고 이름 지었다.(옮긴이)

3 모든 것은 끊임없이 무無로 전락하고 그 똑같은 순간에 또한 유有를 향하면서도 영원히 그것을 자각하는 일 없이 단지 그대로 '영원의 교환'(헤라클레이토스)을 반복할 뿐이지만, 단지 인간에게만 홀연히 그 실상이 분명하게 드러나는 순간이 온다. 그때 인간은 자기와 자기를 둘러싼 만물이 계속 몰락하는 무의 깊고도 가공할 만한 틈을 들여다보고 절망으로 부르짖음과 동시에, 낙하하는 자기와 만물을 어딘가에서 부드럽게 받아 안아 주는 불가사의한 사랑의 팔이 있다는 것을 자각한다.(《이즈츠 도시히코 전집 제2권 신비철학井筒俊彦全集第二巻神秘哲学》, 게이오기주쿠대학출판회.)

4 오토포이에시스AUTOPOIESIS: 자기생산. '살아 있는 것'이 스스로 자기를 재생산하는 체계를 일컫는 개념이다. 개체와 환경 사이에 경계를 긋되 물질과 에너지는 경계를 넘어 주고받는 특성이 있다.(옮긴이)

5 국내에는《몸의 인지과학》(김영사, 2013)으로 출간되었다.(옮긴이)

6 오카 기요시는 시공간에 묶여 있지 않고 만물을 오가는 마음인 진아眞我가 있으며, 개체는 신체를 단서로 삼아 그 마음을 국소화한다고 보았다. 따라서 모든 개체는 그 마음과 같으면서도 다른 존재로서 있다.(옮긴이)

7 한국어의 '새해 복 많이 받으세요.'를 일본어에서는 '새해가 밝아서 경사스럽습니다.(あけましておめでとうございます.)'라고 표현한다. 보통은 '새해가 밝았음을 축하드립니다.'라고 번역하지만, 지금 이 순간의 풍요로움을 이야기하는 맥락이어서 '경사스럽다'라고 번역했다.(옮긴이)

풍경風磬

처마 밑에 풍경을 달았다.

바람에 흔들리며 땡그랑 땡그랑,

맑게 울린다.

풍경 하면 《정법안장正法眼藏》 속 〈마하반야바라밀摩訶般若波羅蜜〉 편이 생각난다. 도겐道元. 1200~1253 선사가 서른네 살에 저술한 이 책에는 선사의 가르침의 정수가 담겼다고 평가된다. 그 책 종반에서 선사는 스승인 뇨죠如浄 선사의 시 〈풍경의 노래風鈴の頌〉를 소개하고 있다.

온몸을 입인 양 넓은 허공에 벌리고 매달려 있는 풍경은

동서남북 부는 바람 차별 없이

오직 한결같이 중생을 위해 반야를 설법하네.

땡그랑 땡그랑.

풍경은 허공을 부는 우주의 바람을

부드럽고 맑은 음색으로 바꾸네.

땡그랑 땡그랑.

산다는 것은 허공에서 울리는 풍경 아니겠는가.

육체가 삶과 죽음을 반복하는 그 순간에도 바람은 쉬지 않고 불고 있다.

2,300년 전 그리스에 유클리드라는 수학자가 있었다. 기원전 300년 무렵의 알렉산드리아에서 살았던 것으로 알려진 이 인물이 편찬한《원론》은 몇몇 사본을 거쳐서 그 대강의 요지가 현대까지 계승되고 있다. 이 책은 수학 역사상 가장 오랫동안 읽혀져 내려온 고전이고 현대에도 계속 전해져 오는 고대의 바람이다.

내가《원론》을 처음 만난 건 중학교 1학년 때였다.《원론》제1권의 명제에 대한 증명을 하나씩 하나씩 재현해 보는 수업이었다. 이 수업이 마음에 쏙 들어서 매주 있는 기하학 시간이 기다려졌다. 제시된 가정에서 출발해 오로지 논증에만 의지해서 명제의 네트워크를 구축해 가는 작업이 좋았다. 눅눅하지 않은 산뜻한 바람이 불어오는 듯 깔끔한 느낌이었다. 물론 사람마다 느끼는 게 제각각이라 유클리드의 스타일을 상쾌하다기보다는 무미건조하다고 느끼는 사람도 있다.

"점은 부분이 없는 것이다. 선은 폭이 없는 길이이다. 선은 점으로 끝난다……."와 같은 '정의'의 나열로 시작되는《원론》에는 저작의 의도와 목표를 말하는 서문 같은 것은 없고 단지 23개의 정의만이 담담하게 진술되고 있다.

정의가 나열된 뒤 아이티마타αιτήματα라 불리는 '요청'이 다음과 같이 제시되어 있다.

> 다음의 것이 요청되고 있다고 해 두자.
>
> 임의의 점에서 임의의 점으로 직선을 그을 수 있다.
>
> 선분을 이어서 직선을 만들 수 있다.
>
> 임의의 중심과 반지름을 가진 원을 그릴 수 있다.

아이티마타는 일반적으로 '공준'이라고 번역되어 '만인이 인정하는 진리'라는 의미로 해석되는 것이 보통이다. 유클리드는 이러한 '의심할 여지가 없는 진리'로서의 공준과 공리로부터 출발해서 논리적인 연역으로만 기하학을 구축했다는 설명이다.

그런데 헝가리의 아르파드 사보Árpád Szabó. 1913~2001라는 수학 역사가는 유클리드의 '요청'에 대해 흥미로운 이설異說을 주장했다. 유클리드가 살았던 시대의 그리스에서는 기원전 5세기 전반의 파르메니데스를 시조로 하는 엘레아 학파라는 철학자 집단이 힘을 갖고 있었다. 파르메니데스의 '있는 것은 있고 없는 것은 없다'는 형이상학은 급기야 세계는 영원불멸이므로 변화와 운동은 환상이라는 과격한 주장을 이끌어 내게 된다.

사보는 《원론》에서 제시된 '요청'이 직선과 원의 작도라는, 일종의 '운동'에 관련된 것임에 주목했다. 그리고 유클리드가 이러한 당연한 것을 일부러 '요청'하지 않으면 안 되었던 배경에 엘레아 학파의 영향력이 있었음을 읽어 냈다.

유클리드가 살던 시대에는, 점과 점 사이에 직선을 그을 수 있다는 것은 결코 만인이 인정하는 진리가 아니었다. 직선을 그린다는 건 '운동'을 시사하고, 모든 운동의 가능성은 엘레아 학파에게 엄격하게 배척당할 것이 불 보듯 뻔했기 때문이다.

그래서 유클리드는 엘레아 학파의 공격에 앞서서 '점부터 점까지 직선을 긋는 것'을 '요청'할 필요가 있지 않았을까, 하고 사보는 대담하게 추론했다. "엘레아 학파 여러분이 말씀하시는 것은 아주 잘 알겠습니다만, 일단 여기서는 수학을 전개하면서 점과 점이 있을 때는 그 사이에 직선을 그을 수 있는 것으로 해도 괜찮겠지요?"

이처럼 유클리드의 '요청'은 문자 그대로의 '요청'이었는지도 모르겠다. 사보의 추론이 옳다면[1] 유클리드의 '요청'은 쓸데없는 철학적 논의에 말려들지 않기 위한 예방책이었을 것이다. 《원론》이 구축한 형식은 과도한 철학과 의미화에 말려들지 않고 수학에 철저를 기하는 '사고의 위생'을 확보하기 위한 방법이었던 셈이다.

사람은 말을 사용하면 그만 의미에 집착하고 마는 존재다. 유클리드는 자신의 수학을 설계하면서 사고에 쓸데없는 의미가 개입하는 것을 엄격하게 금했다. 그래서 그의 형식을 따르는 자는 자신을 완전히 비우고 수학에 철저히 몰입하는 도리밖에 방법이 없다. 내가 중학교 1학년 때 느꼈던 '산뜻함'의 본질은 어쩌면 여기에 있었는지도 모르겠다.

나는 아무리 바쁜 날이더라도 오전 시간만큼은 수학 공부를 위해 따로 떼어 두고 있다. 이 시간은 일상 속의 성역이다. 수학을 하고 있는 한 사고에 자아가 개입할 틈은 없다. 그렇다고 해서 사고를 포기하는 건 아니다.

단지 온몸으로 수학의 바람을 맞는 것이다.

뭔가를 말하려고 하지도 않고, 그렇다고 침묵하는 것도 아니다.

풍경은 허공에 부는 바람을 음색으로 바꾸어서 '한결같이 중생을 위해' 반야를 설법하고 있다.

생애는 짧다.

인생은 덧없다.

그러나 바람은 쉬지 않고 불고 있다.

2014년 7월 1일

---

1 사보의 주장에 몇 가지 문제가 있다는 지적이 있긴 하지만, 《원론》이 타자로부터의 비판을 강하게 의식해서 쓰여진 것으로 쓸데없는 논쟁을 피하기 위해서 '요청'이 도입되었다는 견해는 여전히 유력하다.

홀가분한 몸

'근대 철학의 아버지'라 불리는 데카르트에게는 일정한 직업이 없었다. 젊었을 때 군대에 지원 입대한 적이 몇 번 있기는 했는데 어디까지나 목적은 '견문을 넓히는 것'이어서 봉급을 받으려고 들지 않았다. 아드리앙 바예Adrien Baillet. 1649~1706는 《데카르트전La vie de monsieur Descartes》에서 데카르트가 단 한 번 형식상 어쩔 수 없이 월급을 받긴 했지만 그것을 "군 생활을 했다는 증거"로 보존만 하고 마지막까지 사용하지 않았다고 적었다.

부유함보다는 자유를, 지위보다는 사색을 바라고 고요한 평화를 추구한 데카르트. 그는 젊은 나이에 세상을 떠난 어머니로부터 상속받은 집과 농장을 매각해서 얻은 자금을 갖고 음전한 연구자로서의 삶을 살았다.

물론 여느 사람들처럼 직업을 얻는 것을 생각한 적도 있었을 것이다. 실제로 스물일곱의 여름, 가족의 기대에 부응해서 "가능하면 군대 회계관 일을 한번 해" 보려고 세상을 떠난 대모의 아들을 대신하기 위해 이탈리아로 여행을 떠난다. 거기서 그의 직무를 이어받는 것이 여행의 '구실'이었다. 아내의 유산을 아들에게 맡긴 아버지도 데카르트가 그 재산으로 관직을 사는 것(당시에 관직은 매매 아니면 상속으로 손에 넣을 수 있었음)을 애당초 기대하고 있었던 듯하다.

그런데 결국 그가 직장을 갖는 일은 없었다. 여행하는 동안 생활을 위해 안정된 직업을 선택할 것인지를 마지막까지 고민했지만 자신의 진짜 일은 한 가지밖에 없다는 결론에 도달한 것이다. 그것은 "내 모든 생애를 내 이성을 계발하는 데 쓰고 내가 정한 방법을 이용해 진리를 인식하는 일에서 가능한 한 전진하는" 것이었다.

당시의 보통 상식으로 볼 때 데카르트의 삶의 방식으로는 먹고살 수가 없었다. 그럼에도 데카르트는 생각에 생각을 거듭하고 자기 마음에 비춰 본 끝에 납득할 수 있는 일은 이것밖에 없다고 확신했다.

이때 데카르트의 나이는 스물아홉. 당당한 결단이다.

시인 바쇼芭蕉.1644~1694가 첫 책《가이오오이貝おほひ》를 쓰고, 고향(지금의 미에현 이가시)을 떠나 에도로 향한 것도 스물아홉의 봄이었다. 그 무렵 그는 무가武家에 고용되어 잡일을 했다는 설도 있고 무직이었다는 말도 있는데, 그 어느 쪽 일에도 늘 눌려 있어 역경에서 헤어나지 못하는 나날이었다. 바쇼는 그런 생활에 종지부를 찍고 활기 넘치는 신흥 도시로 뛰어들어서 하이카이[1]에 생애를 걸 각오를 했다.

《가이오오이》는 많이 팔렸다. 재판도 나오고 이윽고 몇 명의 제자도 생겼다. 서른네다섯 무렵에는 단린談林 하이카이[2]에 가장 뛰어난 종장으로 활약했다. 번화가에 거처를 두고 당대 인기 '연예인'으로서 부와 명성을 누리며 화려하게 살았다.

그런 생활이 성에 차지 않았던 것일까? 아니면 뭔가 그만두지 않으면 안 되는 사정이 있었던 걸까? 바쇼는 돌연 이 모든 걸 버리고 스미다가와 강 건너편 후카가와의 오두막에서 은둔 생활을 시작한다.[3]

아아 봄이여. 위대한 봄이 찾아왔네…….

봄의 한없는 기쁨을 노래한 이해 연말, 호젓한 지대의 오두막에서 혼자서 말린 연어를 씹는 생활이 시작되었다.

눈 오는 아침 혼자서 말린 연어를 씹네.

서른일곱의 겨울이었다.

모든 것을 던져 버린 바쇼의 마음을 위로해 준 것은 중국 고전과 선禪이다. 특히 이 무렵 붓초仏頂 스님 지도 아래 참선을 한 경험이 이후 그의 작풍에 큰 영향을 끼쳤다고 전해진다. 고독과 생활의 적적함이 절절히 다가오는 속에서 하이카이의 이상을 향한 열망은 오히려 종장 시절보다 거세졌다. 바람에 찢길 것 같은 바쇼의 덧없는 몸이 점차 홀가분한 몸으로 바뀌어 가고, 그 '홀가분한 몸'에 무거운 이상이 묵직하게 내려앉은 것은 한참 뒤의 일이었다곤 하지만, 이제 하이카이는 더 이상 먹고살기 위한 수단이 아니다. 하이카이를 위한 삶이다. 하루하루가 그 길 위에 있다. 몸을 홀가분하게 하는 것이 이상을 무겁게 해 가는 것이라는 '풍광'風狂의 하루하루가 여기서 시작된다.

살기 위해서 길을 좇는 것이 아니라 길을 위해서 사는 것.

도겐 선사가 "단지 다름 아닌 법法을 무겁게 몸을 가볍게 함"

이라고 말한 것도 이 각오를 의미할 것이다. 살고 죽는 몸과 그 표면에 달라붙은 모든 것을 가볍게 하고 단지 한결같이 '이상'을 향해서 사는 것이다.

봄은 새로운 진로가 결정되고 새롭게 길을 걷는 계절. 동시에 진로를 고민하고 길을 헤매는 계절이기도 하다. 그래서 이것만큼은 마음에 새겨 두고 싶다.

길은 살기 위한 수단이 아니다.
진로는 살기 위한 방법이 아니다.

데카르트와 바쇼는 제 마음에 비춰 결정한 그 길을 위해서 살았다. 그래서 그 생애는 지금도 울림을 잃지 않는다.

홀가분한 몸으로 가자.
마음속에 묵직하게 이상을 안고.

스물아홉의 봄, 나는 그렇게 결심했다.[4]

2015년 4월 1일

1 하이카이俳諧: 에도 시대 일본의 시가 문학 장르로 바쇼가 그 중심에 있다. 기지, 골계, 웃음, 해학 등을 특징으로 한다.(옮긴이)

2 단린 하이카이談林俳諧: 교토를 중심으로 형성된 하이카이 흐름으로 언어유희를 특징으로 한다.(옮긴이)

3 후카가와 오두막에서 은둔을 시작한 다음 해, 한 제자가 파초芭蕉를 보내왔다. 무네후사(바쇼의 본명)는 이 파초를 오두막에 심었다. 이후 오두막은 바쇼암芭蕉庵으로 불리게 되고, 무네후사의 호도 바쇼芭蕉로 바뀐다.(옮긴이)

4 1985년생인 저자는 이 글을 쓸 때 스물아홉의 봄을 지나고 있었다.(옮긴이)

백지白紙

어제, 오랜만에 장맛비가 주춤하여 다이몬지 산에 올랐다. 지난 달 세찬 뇌우雷雨로 군데군데 무너져 내려서 산책하기에는 험한 산길이었다. 그런데 힘든 만큼 산을 다 올랐을 때의 상쾌함도 각별했다. 산꼭대기에서 전망을 즐기기 위해 산을 오르는 사람도 많다. 나는 대개 생각을 하면서 산에 오르기 때문에 산꼭대기에 도착하면 그대로 경치를 힐끗 한 번 보고 바로 산을 내려오는 편인데, 드물게 어제는 잠시 동안 멍청하게 서 있었다.

그때 저기 먼 산의 녹음 속에서 무언가 반짝 빛나는 게 보였다. 그 반짝임의 정체가 무엇인지 알 수는 없었지만 산속의 뭔가가 햇빛을 반사하고 있었을 것이다. 반짝임은 계속되었다.

나는 저렇게 멀리서 오는 빛이 보인다는 사실이 신비로워서 계속 바라봤다.

햇빛이 뭔가에 부딪혀 튀어서 되돌아온 그 파동/입자가 공기를 통과할 때 복잡한 물리화학적 과정이 진행되고, 그 결과 뇌에서 몇 가지 활동이 일어난다. 그리고 이 활동들에 의해서 나의 '보이는' 경험이 만들어진다. 대략 이 정도면 '보이는' 것을 과학적으로 설명한 게 되려나.

그렇다고 한다면 왜 산의 풍경은 '눈앞'이 아니라 멀리, 훨씬 저 쪽에, '거기에' 있는 것으로 확실하게 보일까? 내가 보고 있는 것이 산속의 빛 그 자체가 아니라 거기서 출발해 공기를 통과하여 눈 속으로 들어온 빛의 입자라면, 왜 지금 보이는 것은 그 입자가 아니라 내 몸에서 훨씬 저 멀리 떨어져 있는 산속의 저 빛인 걸까? 생각하면 할수록 불가사의한 일이라서 지그시 그 빛을 계속 응시하는 수밖에 다른 도리가 없었다.

지금 내 앞의 도코노마[1]에는 갯질경 꽃이 꽂혀 있는 꽃병이 있다. 그 갯질경 꽃이 바로 '거기'에 있는 것처럼 보인다. 나는 꽃으로부터 날아온 빛 입자를 보고 있다기보다는 그 꽃을 직접 보고 있는 것처럼 느낀다. 손이 닿지 않는, 눈으로 직접 만지고 있지 않는 그 꽃이 그 자리에서 생생하고 확실하게 보인다.

빛 입자와 망막의 물리적 접촉을 넘어서 그것보다 훨씬 친밀한 관계를 꽃과 맺고 있다고 나는 생각한다. 나는 꽃이 '보인다'는 것을 어딘가 깊은 곳에서 꽃과 내가 직접 서로 닿고 있는 것으로 생각한다. 꽃뿐만 아니라 꽃병과 산과 하늘을 비롯해 나를 둘러싼 모든 것과 어느샌가 서로 마음이 통하고 있고, 그 '서로 통하는 마음'이 '보고' '듣고' '아는' 작용의 배경에서 버팀목이 되어 주고 있다는 느낌이 든다.

실제로 '보인다'는 현상은 지금의 인류가 아직 말로 설명할 수 없는 불가사의하고 기적적인 사태가 아닌가. 너무나도 신비롭고 너무나도 큰 수수께끼라서 오히려 '당연한 것'으로 취급을 받고 만 것이다.

신비롭거나 불가사의한 것을 당연한 것, 즉 더 이상 묻지 않는 '전제'로 삼지 않으면 사람은 앞으로 나아갈 수 없는 부분이 있다.

예를 들면 보고 듣는 기계는 만들 수 없다고 하더라도 보는 것을 전제로 해서 그 능력을 확장하는 안경과 망원경과 현미경을 만드는 것이라면 가능하다. 스스로 아는 기계는 좀처럼 만들 수 없어 보이지만 사람의 아는 힘을 전제로 해서 그것을 연장하는 것이라면 컴퓨터도 할 수 있다.

그렇게 인간은 최대의 수수께끼와 가장 근원적인 신비를 일단 괄호 안에 넣고, 다른 말로 하면 불가사의에서 애써 눈을 돌리고 나서, 광대한 지知와 실용의 세계를 구축해 왔다. 그 세계는 지금 너무나도 웅장하고 화려해서 우리의 발밑, 즉 모든 전제를 떠받치는 원초의 불가사의는 자각되지 않는다.

수학을 하다 보면 그때까지 몰랐던 것을 어느 순간 문득 알게 되는 경험을 하는 경우가 있다. 그것은 수학을 공부하며 만나는 가장 큰 기쁨의 순간이기도 하다. 고등학생 시절 나는 그 기쁨을 아직 모르고 그저 수험 과목의 하나로서 수학을 공부했다. 문제집에 있는 해답을 반복해서 옮겨 적고 해법을 암기하고 그것으로 시험을 돌파하는, 지금 생각해 보면 최악의 공부 방식에 매달렸던 것이다. 그 방법을 통해서 지식과 테크닉은 익힐 수 있었지만 정말 중요한 '안다는 것의 기쁨'을 맛볼 수는 없었다.

대학에 들어가서 오카 기요시의 에세이를 만났다. 제 힘으로 풀기 전에 해법을 알면 "그것은 이미 풀 수 없는 문제가 되고 만다."는 그의 문장을 읽었고, 해답을 덮고 문제와 마주하는 방법이 있다는 걸 처음으로 알았다. 문제를 머리에 넣은 다음 백지와 마주하는 것이다. 그것은 매우 두려운 일이다.

백지와 마주하는 시간은 지도 없이 숲을 헤매는 것과 비슷한 불안을 안긴다. 무심결에 누군가에게 길을 묻고 싶어지지만 그것을 꾹 억누르고 그저 자기 몸 하나로 참고 견디며 백지와 마주한다.

방침을 세운다. 계산을 해 본다. 몇 번이나 실패를 반복하지만 그럼에도 포기하지 않고 계속 도전한다. 그렇게 하면 정말로 하얀 빈 종이에서 시작했음에도 스스로 길을 발견해서 알게 되는 순간이 때때로 온다. 물론 아무리 애를 써도 마지막까지 풀 수 없는 경우도 있지만, 처음에는 전혀 몰랐던 문제를 혼자 힘으로 해결한 순간의 기쁨은 각별하다.

'모르는' 내가 백지와 마주해서 참고 기다리면서 시행착오를 반복하다 보면 어느 순간 '아는' 나로 바뀌어 있는 것이다. 어머니 배 속에 어느 날 돌연 생명이 깃들었을 때의 느낌이 이와 비슷할까. 그것은 '영'(제로)으로부터 뭔가가 탄생하는 선열禪悅의 체험이다. 아무리 작고 미미한 발견이라고 해도 백지로부터 시작해서 스스로의 힘으로 알게 된 순간의 기쁨은 그 어떤 것과도 바꿀 수 없다.

'보는' 것과 '듣는' 것이 그렇듯 '아는' 것도 진실로 불가사의한 일이다. 안다는 것의 기쁨에 입회하고 싶다면 그 불가사의가 싹트는 곳까지 내려갈 필요가 있다. 쉽게 말하자면 백지와 마주하는 용기를 최대한으로 쥐어짜 내지 않으면 안 된다.

우리는 지금 막대한 지식과 기술에 둘러싸인 채 하루하루 그 체계를 확장하느라 바쁘다. 그러다 보니 자기와 가장 가까운 곳에 있는 불가사의는 먼 풍경으로 희미해지고 평소에는 별로 의식되지도 않는다. 그러나 지식과 기술에 '편리함'은 있을지언정 거기에서 근원적인 기쁨을 길어 낼 수는 없는 노릇이다. 기쁨은 원초의 불가사의로부터 샘솟는 것이 아닐까. 난해한 증명을 암기할 때보다도 소박한 발견을 스스로의 힘으로 달성할 때의 기쁨이 훨씬 깊다.

그래서 처음에는 아무리 불안하고 두렵게 느껴지더라도 먼저 자기 몸과 한 장의 백지로부터 시작해 보자. 그렇게 스스로 다짐하고서 나는 오늘 펜 한 자루와 원고지만을 들고 미시마샤[2] 사무실 한편에서 이 원고를 쓰고 있다. 컴퓨터도 안 쓰고, 사전과 문헌도 참조하지 않고, 오로지 백지와 마주하고서 거기서 솟아나는 말들을 써 보리라 마음으로 정한 것이다.

지금 내 앞에는 쓰다가 실패한 원고지들과, 잉크가 배어 까매진 가운뎃손가락과, 아침보다 조금 시들어 보이는 갯질경 꽃이 있다. 바깥에는 비가 세차게 내린다. 이미 완전히 어둡다.

새삼 뭔가를 만들어 내는 것의 어려움이 떠오른다. 백지로부터 시작해서 하루 종일 자신이 성취한 것의 보잘 것 없음을 생각한다. 그러나 그럼에도 내일도 모레도 또 백지로부터 시작해 보자고 다짐한다.

오늘은 여기까지.

2015년 7월 1일

---

1 도코노마床の間: 일본 건축에서 방 한쪽을 한 단 높인 다음 바닥은 꽃이나 장식물로 꾸미고 벽에는 족자를 걸어 놓는 공간.(옮긴이)

2 《수학의 선물》 원서를 낸 일본 출판사.(옮긴이)

불일불이不一不二

나는 그림을 정말 못 그린다. 어느 정도로 못 그리느냐. 고등학교 미술 시간에 수채화를 그린 적이 있는데, 나는 숲을 사실적으로 그렸다고 생각했지만 선생님은 어느 생명체를 그린 추상화라 여기고서는 "이 다리는 아주 좋구나."라고 칭찬을 해 줬을 정도다.

예전부터 개나 꽃처럼 구체적인 것을 그리는 건 전혀 안 되었다. 그 대신 무엇을 그리려고 하는지 결정하지 않은 채로 백지에 자유롭게 펜을 굴리는 것은 좋아했다.

말도 똑같다. 강연과 스피치 전에 원고와 자료를 빈틈없이 준비하는 것은 그림을 그리기 전부터 개와 꽃을 그릴 거라고 정하는 것 같아서 재미없다. 역시 빈손으로 사람들 앞에 서는 것이 최고다. 자신이 무엇을 이야기할 것인지 모르는 채 그 자리에서 말을 이어 나가는 시간은 유쾌하다.

캔버스 위에는 캔버스의 질서가 있고 말에는 말의 요구가 있다. 그 요구가 캔버스 또는 말 바깥의 '현실'에 반드시 부합한다고는 할 수 없다. 현실에 근거해서 뭔가를 표현하는 경우도 있지만 새롭게 만들어진 표현에 의해 현실이 단련되는 경우도 있는 것이다.

수학이 바로 그렇다. 원래 수학은 물건을 세거나 거리를 재는 것처럼 현실에 도움이 되도록 만들어진 '언어'였지만, 수학에는 수학 고유의 질서가 있기에 지금은 물리 세계의 현실과 상관없이 자유롭게 전개되고 있다. 그렇게 해서 탄생한 복소수와 무한차원 공간처럼 현실로부터 떨어진 것으로 보이는 개념이 우리로 하여금 현실을 새롭게 인식하도록 이끄는 경우가 있다.

실감을 표현으로 옮기고 표현으로 실감을 갱신한다. 이 왕복 운동이야말로 창조 행위의 진수다.

그런데 표현이 실감을 이끄는 것도 좋지만, 실감이 표현을 사람들 손이 닿는 범위로 계속 끌어당기는 것도 중요하다. 그렇지 않으면 표현은 곧바로 현실과 동떨어져 허술해진다.

특히 언어는 쉽게 거짓말이 된다. 애당초 한 번에 하나씩밖에 말할 수 없다는 것이 말의 한계이기 때문에, 아무리 애를 써도 말은 극단이 된다. '기쁘다'고 하면 그 기쁨 뒤의 슬픔이 감추어지고, '허무하다'고 하면 그 말의 바탕에 깔려 있는 삶의 의욕이 지워지고 만다. 사실 이 세상의 중요한 일들은 '있다'고 단언할 수도 '없다'고 단언할 수도 없는 것투성이다.

'A라고 하는 것은 지나치지만, A가 아니라고 말하는 것도 틀렸다.' 그런 사태를 불교에서 '불일불이'不一不二라고 한다고 오카 기요시는 만년에 교토 산업대학 학생들에게 말했다.[1] '삶의 의미'도 그럴 것이다. 의미가 없다고 말하면 지나치지만 있다고 단언하는 것도 틀렸다는 느낌이 든다.

개인적인 이야기를 해서 미안하지만 이번 달에, 내가 태어나서 처음으로 쓴 책이 세상에 나온다.[2] 아주 좋아하는 '책'의 '저자'가 되는 날을 눈앞에 두고 내 감정은 흔들리고 있다. 어떤 반응이 나올까. 어떤 식으로 읽힐까. 신경이 쓰여서 마음이 안정되지 않는 한편, 어차피 내가 쓴 책이 어떻게 읽히든 대우주 안에서는 정말로 별것 아니라고 생각하는 냉소적인 나도 있다.

물론 그 어느 쪽도 나의 본심이다. 인생 첫 책이 나온다는 것은 나에게 큰 사건이자 동시에 미미한 사건이다. 내 '인생의 일'이라고 생각할 정도로 너무 심각해지는 건 어리석어 보인다. 그렇다고 해서 내 인생에조차도 진지해지지 않는다면 그것은 경박이다. 진지하게 살고 있으면서도 별것 아닌 것처럼. 그 연속이 인생이다.

한 사람의 인생이 지구보다도 무겁다는 것은 과언이지만 한 명의 인생 같은 것 데데하다는 태도도 틀렸다. 심각해지기에는 너무나도 미미하지만, 그렇다고 해서 진지하게 대하지 않기에는 너무나도 소중하다. 그런 시간을 우리는 하루하루 살고 있다.

2015년 10월 1일

---

1 이 강의는 내가 편저한《수학하는 인생(数学する人生)》(新潮社)에 실려 있다.

2 2015년 10월에 첫 책《수학하는 신체》가 신초샤(新潮社)에서 출간되었다.

Ⅱ

네가 움직일 때마다

지금 세상에서 과학은 너무나도 지배적인 힘을 갖고 있어서, 신체에 가장 가깝고immediate 직접적direct인 일상 경험을 연구 대상으로 삼을 수 없음에도 불구하고 과학에 세상만사를 설명하는 권위가 부여되어 있다. 그 때문에 많은 사람들은 시공간을 소립자 덩어리로서 그려내는 과학 이론을 중대한 진리라고 간주하는 한편, 압도적으로 풍요로운 눈앞의 가장 가까운 경험은 중요하지도 않고 진리로부터도 멀리 떨어진 것으로 다루고 있다.

그런데 맑은 날의 기분 좋은 행복감에 몸을 맡기고 있을 때나 버스를 따라잡으려고 황급히 달리면서 온몸의 긴장을 느낄 때 시공에 관한 이론 같은 건 추상적이고 이차적인 것으로서 뒷전으로 후퇴하고 만다.

-프란시스코 바렐라.《신체화된 마음》.(필자 옮김)

지금 내 팔 안에서 가장 가깝고 직접적인 일상의 기적이 쌔근쌔근 자고 있다. 1년 전까지는 아예 존재하지 않았던 생명체가 3킬로그램의 무게로 숨을 쉬고 심장이 뛰면서 작은 손을 꽉 쥐고 잠들어 있다. 세포 하나에 불과했던 것이 어떻게 이렇게 표정이 풍부한 아기로 바뀔까? 나는 그것이 너무나도 신기해서 어쩔 줄을 모르겠다.

새빨간 얼굴을 하고서 "앙~" 하고 울부짖으며 아들이 태어난 건 딱 7주 전이다. 누구에게 배운 적도 없으면서, 몇 번이나 연습을 해 온 것처럼 침착하게 엄마와 호흡을 맞춰 솜씨 좋게 두개골 모양을 바꿔 가며 엄마 배 속에서 바깥세상으로 나왔다. 쭈글쭈글한 얼굴로 힘 있게 울부짖는 모습을 보고 나는 안도의 숨을 내쉬었다. 같이 있던 의사도 "건강하군요." 하고 긴장을 늦추었다.

다음 날 나고야에서 라이브 토크가 있었다. 일이 끝난 뒤 휴게실에 가서 전화기를 보니 병원에서 부재중 전화가 와 있었다. "곧바로 와 주세요. 조금 전에 자녀분이 구급병동으로 실려 가서 검사를 받았습니다. 아버님께 급하게 전하지 않으면 안 되는 것이 있습니다." 아내에게서는 호흡기를 댄 채 병원에 실려 가는 아들 사진이 와 있었다. 무슨 상황인지 알 수는 없었지만 쏜살같이 교토로 향했다.

그날은 비가 세차게 내린 데다 토요일이다 보니 교토역의 택시 승강장은 굉장히 혼잡했다. 누구 한 명 양보해 주는 사람이 없었다. 자기도 급하다고 지당한 말을 하는 사람도 있었고, "나는 괜찮은데 뒤에 있는 사람을 먼저 설득해야지요!"라며 내 부탁을 뿌리친 사람도 있었다. 돌아보니 100명 가까운 사람이 줄을 서 있었다. 어쩔 수 없이 나는 병원을 향해 전력으로 내달렸다.

병원에 도착해 보니 다섯 명의 의사가 기다리고 있었다. 곧바로 아들의 병증에 대한 설명이 시작되었다. 장에 이상이 있어서 당장 수술하지 않으면 최악의 경우 내장이 괴사할 수도 있다는 이야기였다. 나는 그 자리에서 마취와 수술에 승낙하는 서류에 사인하고 "당장 수술해 주세요."라고 말하고선 어제 막 태어난 아들을 수술실로 보냈다.

막 태어난 아기는 "그리움과 기쁨의 세계"에 있다고 오카 기요시는 여러 번 말했다. 그 말을 몇 번이나 들어 온 나는 내 아들 또한 정겹고 기쁜 표정으로 엄마에게 안겨서 인생을 출발하는구나, 라고 생각하고 있었다. 그런데 수술실에서 나온 아들은 전신에 튜브를 끼고 수액관이 늘어져 있는 침대 위에서 고통스럽게 힘없이 누워 있었다.

"막 태어난 아기는 엄마와 우주와 문자 그대로 하나"라고 나는《수학하는 신체》에 썼다.《시선의 탄생: 아기학 혁명まなざしの誕生: 赤ちゃん学革命》이라는 책에서 인지심리학자 시모죠 신스케下條信輔 씨도 "막 태어난 아기는…… 어머니와 신체적으로도 심리적으로도 일체이고 스킨십과 말 이전의 밀접한 커뮤니케이션을 통해서 하나의 시스템을 만들고 있다."라고 썼다. 그런데 막 태어난 우리 아들과 신생아집중치료실에 있는 다른 아기들은 모두 '엄마와 하나'가 되는 것이 허락되지 않았다. 병원에서 아기들에게 둘러싸인 채, 원래 신생아에게 일체가 되어야 할 우주 같은 건 없을지도 모르겠다고 생각했다.

아기에게 세계는 단지 부조리로 가득한 곳이다. 배고픔과 고통, 눈부심과 기저귀의 불쾌함 같이 의미가 없는 자극의 연속이다.

"옆에 있는 아기가 울 때, 그리고 엄마가 울 때 세계 전체가 '슬퍼져서' 아기는 우는 것이다. 그리고 자신의 손등이 꼬집히면 자신이 지각하는 세계 전체가 '아파져서' 아기는 우는 것이다."라고 시모조 씨는 같은 책에서 말하고 있다.

아기는 감각을 통해 들어오는 것들이 무엇인지 모르는 채 그 정보의 바닷속에서 오로지 필사적으로 온몸을 움직일 뿐이다. 그 모습은 의미를 만들어 내려고 필사적으로 춤을 추는 것처럼 보인다.

갓 태어난 아기에게는 서로 마음을 나눠야 할 타자가 존재하지 않는다. 같은 것과 다른 것이 나뉘지 않은 세계에 '아빠'와 '엄마'는 아직 없다. 부모는 열심히 아이 이름을 불러 보지만 아이가 그쪽을 보고 미소 짓게 되는 것은 꽤 지난 뒤의 일이다. 그래서 수유와 이름 부르기 같은 엄마의 끊임없는 행위 끝에 아이가 비로소 엄마를 '엄마'로서 바라보는 순간이 극적인 것이다. '자기'가 아닌 '엄마'의 발견에서 시작하여 아이의 세계는 점점 '의미'를 띠어 간다.

우리에게 절실한 것은 살아 있는 주체로부터 분리된 무기질적인 관념적 시공이 아니라 의미와 함께 발현하는 직접 경험 세계다. 학문이 이러한 직접 경험의 풍요로운 세계에 진입하는 방도에는 무엇이 있을까? 모든 생애를 걸고 이 물음을 탐구한 이가 프란시스코 바렐라다. 바렐라는 어느 워크숍에서 이런 발언을 했다.[1]

> 나는 물리적인 실재를 믿지 않는다. 나에게는 원자와 쿼크조차 '우리가 이 세계에 있을 수 있는 존재 방식의 하나'a way in

which we can be in this world에 지나지 않는다. 그 존재 방식의 수만큼 세계는 있다.

현대 과학자 중에서 원자가 실재한다는 걸 진심으로 의심하는 사람이 몇이나 될까? 장치를 이용해서 실제로 관측할 수 있기 때문에 거의 의심할 여지가 없는 것 아닐까. 그런데 바렐라는 원자와 쿼크의 실재를 믿지 않는다. 그것은 '실재'reality가 아니라 어디까지나 "우리가 이 세계에 있을 수 있는 존재 방식의 하나"라고 그는 갈파한다.

확실히 원자와 그것의 실재성을 지탱하고 있는 것은 근대에 탄생한 과학이라는 특수한 행위 양식과 그것을 둘러싼 다양한 기술과 관습, 제도와 상식의 네트워크다. 과학을 전혀 모르는 사람이 전자현미경을 들여다보았다면 그것이 세계를 구성하는 물질의 기본 단위라고는 꿈에도 생각하지 못할 것이다. 우리가 원자를 원자로서 관측할 수 있다고 확신하는 건 그것을 지탱하는 과학 이론과 기술, 그리고 그것을 둘러싼 습관과 제도가 따라붙어 있기 때문이다. 그것을 모르는 사람에게 원자는 조금도 실재하지 않는다. 현미경을 아무리 열심히 들여다본들 보이는 것이라곤 의미 없는 지루한 패턴뿐이다.

우리는 원자가 있다고밖에 생각할 수 없는 세계를 공동으로 구축하고 있다. 바렐라 식으로 표현하자면 원자가 실재한다고 확신할 수 있는 '존재 방식'을 선택하고 있는 것이다. 살아 있는 주체로부터 분리된 물리적 실재보다는 의미를 띠고 발현되는 경험 세계를 탐구한 바렐라에게, '세계'란 살아 있는 주체로부터 분리되어 원래부터 거기에 있는 것이 아니라 삶과 함께 서로 얽혀서 드러나는 것이었다.

두 번의 수술과 한 달간의 입원을 거쳐서 아들은 무사히 퇴원할 수 있었다. 울음소리와 경보음이 울리는 병동에서 바깥세상으로 첫 걸음을 내딛었을 때 아들은 신기한 듯 주위를 둘러보고는 안심한 듯 잠들었다. 그렇게 깊이 잠든 채로 택시를 타고 집에 도착했다. 방에서 눈을 뜨고는 그리웠다는 듯이 천장을 올려본 다음 다시 눈을 감았다. 그리고 기쁜 듯 방긋 웃었다.

생후 7주째가 된 오늘, 아들의 세계는 변함없이 거의 의미가 없는 혼돈과 같은 것이다. 앙~ 하고 울며 젖을 달라고 하고, 배가 부르면 나른함을 느끼며 잠든다. 트림이 안 나오면 소리를 지르고, 똥을 쌌다고 큰소리로 불평한다. 그 반복 속에서 조금씩 자라고 있다. 노래를 불러 주면 눈을 동그랗게 뜨고 귀를 기울이고, 산책을 나가면 기분 좋은 듯 눈을 감는다. 지금은 침대 위에서 온몸을 바동거리며 열심히 의미를 만들어 내려 하고 있다.

"아직 네가 모르는 큰 세계가 있단다."

나는 말을 걸어 본다. "함께 별을 관찰하고, 달을 바라보고, 바다에 잠수하고, 산을 오르고, 친구를 사귀고, 독서에 빠지며 넓은 세계를 산책하고 싶구나."

아들은 신기해하는 얼굴을 하고서 손과 발로 공중을 탐색하고 있다.

광대한 우주의 혼돈 속에서 의미를 만들어 내려는 것은 나도 마찬가지다. 나도, 다른 어른들도, 모든 동물과 식물도 열심히 움직이고 열심히 일하며 하루하루 세계에 의미와 생명을 불어넣고 있는 것이다.

네가 움직일 때마다 너의 세계가 나타나듯이 네가 움직일 때마다 나의 세계는 동요한다.

아들은 눈을 감고서 만족한 듯 미소를 지었다.

2016년 4월 1일

---

1 이 워크숍은 〈MONTE GRANDE〉(First Run Icarus Films, 2005)라는 DVD에 실려 있다.

의미

수학에 대해 여러 사람들과 이야기를 나눌 때가 있다. 사람들 가운데는 수학을 좋아하는 이도 있고, 잘 못하는 이도 있으며, 수학의 매력에 대해 눈을 반짝이며 말하는 이도 있고, 똑같은 정도의 열정과 에너지로 왜 자신은 수학을 못하는지를 토로하는 이도 있다.

그중에서 수학을 어려워하는 사람들은 이를테면 "분수 나눗셈부터 의미를 모르게 되었다." "음수 곱셈의 의미를 모르겠다." "어느 지점까지는 즐거웠는데 이때부터 모르게 되었다."라고 수학에 얽힌 괴로운 추억을 토해 내고는 한다.

그런데 그런 사람들은 의미를 모르게 되었다는 것에 어떤 이

유에서인지 '좌절'이라고 이름을 붙이고 '의미를 모르게 되었다'는 이름의 폴더에 봉인해 버린 듯하다. 하지만 분수에 나눗셈을 도입하거나, (-1)×(-1)=1이라고 정하는 순간에 의미를 모르게 되었다는 것은 조금도 부끄러워해야 할 일이 아니다. 분수 나눗셈과 음수 곱셈은 이미 알고 있는 것의 '의미'를 표현하기 위해서 도입된 것이 아니기 때문이다.

'3분의 2를 4분의 3으로 나누는' 것은 어떤 의미인가? '마이너스 1에 마이너스 1을 곱하는' 것은 또 어떤 의미인가? 애써 설명하자면 불가능한 것은 아니지만 굳이 의미 같은 것 생각하지 않아도 3분의 2를 4분의 3으로 나누는 것도, 마이너스 1에 마이너스 1을 곱하는 것도 가능하다. 일단 기호를 활용하는 규칙을 익혔다면 의미를 몰라도 행위(계산)는 할 수 있다. 의미란 행위 뒤에 따라오는 것이다.

분수 나눗셈을 어떻게 정의해야 하는가와 음수끼리의 곱셈을 어떻게 할 것인가는 '의미 세계로부터의'semantical 요구가 아니라 '기호가 따라야 할 룰에 관한'syntactical 요청에 의해서 결정된다.

예를 들어 왜 (-1)×(-1)=1이 되지 않으면 안 되는가. 이것은 분배법칙을 지키면서 음수 사이에 곱셈을 적용할 때 필연적으로 도출되는 귀결이다.

일반적으로 자연수의 덧셈과 곱셈 사이에서는

$$a(b+c)=ab+ac$$

와 같은 '법칙'이 성립한다. 이것을 '분배법칙'이라 부른다. 이 법칙을 음수에까지 적용하면 자연스럽게 $(-1)\times(-1)$이 취해야 할 값이 정해진다.

실제로 음수를 포함하는 계산에 분배법칙을 적용하면

$$(-1)\times\{1+(-1)\}=(-1)\times 1+(-1)\times(-1)$$

이 성립한다. 이때 좌변은 $(-1)\times 0=0$이고, 우변의 $(-1)\times 1$은 -1이 된다. 그러면

$$0=-1+(-1)\times(-1)$$

이 되므로 $(-1)\times(-1)=1$이라는 결론이 도출된다.

숫자는 당초 일상의 '의미'를 표현하기 위해서 도입된 도구였는데, 일단 기호로서 홀로 걷기 시작하고 나서부터는 기호 세계의

질서를 따르며 일상의 의미로부터 자유롭게 전개되었다. 음수 사이의 연산은 일상의 의미를 기술하기 위해서 정의되는 것이 아니라 지켜야 할 기호 조작의 룰(이 경우에는 분배법칙)에 따라서 자연스럽게 정해져 버린다.

요컨대 $(-1)\times(-1)=1$이 되지 않으면 안 되는 것은 어디까지나 기호 측의 요구다. 거기에 미리 예정된 '의미' 같은 것은 없다. 기호가 의미의 다음 행선지로 우리를 안내해 준다. 물론 마지막까지 '의미 불명'인 채로 끝나 버리면 그것은 수학이 아니다. 기호가 요구하는 행위(계산)의 반복에 의해서 의미는 점차 만들어지게 되어 있다.

$$a\times(-1)=-a$$

와 같은 연산 규칙에 따라 수를 운용할 때 '수직선'의 이미지가 있으면 -1을 곱할 때마다 곱해진 수가 원점의 반대쪽으로 날아가는 감각이 생겨날 것이다. 4를 -4로, 19를 -19로와 같이 모든 수를 수직선의 원점을 기준으로 대칭하는 장소로 날리는 '행위'로서 '$\times(-1)$'이라는 연산이 점차 '의미'를 띠게 될 것이다.

그렇게 하면 $(-1)\times(-1)=1$이라는 '기호 운용의 룰'도 이윽고 자연스럽게 '의미화'된다. 원점을 기준으로 한 번 반대쪽으로 날린 수를 다시 반대쪽으로 날리면 원래 자리로 돌아온다. 이것이 공간적으로 해석된 $(-1)\times(-1)=1$이라는 계산의 의미다.[1]

행위에 앞서서 의미가 있는 것이 아니라 기호 운용의 룰에 따른 계산의 반복 끝에 의미가 나중에 따라 나온다. 그래서 '의미를 모르게 되고 나서부터' 수학은 재미있어진다. 의미 불명이더라도 그 상태를 참고 견디며 계산을 하다 보면 조금씩 의미의 감각이 찾아온다.

수학을 공부하다가 의미를 모르게 된 순간, 자신이 수학을 따라가지 못하게 되었다고 의기소침해할 필요는 없다. 그보다는 자신이 수학을 따라가지 못하게 된 것이 아니라 의미가 수학을 따라가지 못하게 되었다고 생각해 보면 어떨까. 혹은 수학이 자신을 두고 간 것이 아니라 자신이 수학과 함께 의미를 뒤에 두고 왔다고 생각하는 것이다.

행위에 앞서서 의미가 없다는 것은 일상에서는 상식이다.

갓 태어난 아기는 의미가 불명한 세계에 태어나서 온몸으로 발버둥 칠 뿐이다. 암중모색하는 행위를 반복하면서 다양한 의미를 획득해 나간다. 아기에게 젖꼭지를 줄 때 젖꼭지의 의미를 먼저 설명하는 부모는 없다. 아기에게 젖꼭지란 '아기가 이미 알고 있는 의미'에 의해서는 설명할 수 없는 무엇이기 때문이다. 따라서 의미도 모른 채 여하튼 만져 보거나 입에 넣어 볼 수밖에 없다. 그렇게 계속 물고 빨고 하면서 아기는 점차 젓꼭지의 의미를 체득하게 된다. 의자의 의미, 손잡이의 의미, 주전자의 의미…… 모든 의미는 그것들과 관계를 맺는 행위 안에서 떠오르는 것이다.

그럼에도 우리는 왜 수학을 배울 때만큼은 행위에 앞서서 의미를 추구하려고 하는 것일까? 분수 나눗셈을 연습하기 전에 음수 곱셈을 반복하기 전에 왜 그 의미를 가르쳐 달라고 하는 것일까?

그것은 수학이 '기술記述과 설명을 위한 언어'로서만 기능한다고 오해하고 있기 때문 아닐까? 물론 산수를 처음 배울 때는 일상의 넘쳐 나는 현상을 기술하고 설명하기 위한 도구로서의 이미지가 강하다. 예를 들면 사과의 개수를 세기 위한 숫자와 돈을 계산하기 위한 덧셈과 곱셈이 그렇다.

그러나 기술과 설명을 위한 언어는 수학의 좁은 한 측면에 지나지 않는다. 수학은 설명할 뿐만 아니라, 그때까지 없었던 새로운 개념, 새로운 조작, 새로운 방법을 만들어 내면서 의미의 최전선을 확장해 나가는 행위다.

어른이 되면 의미의 세계는 안정된다. 지금까지 몰랐던 새로운 의미를 만날 일이 희박해진다. 의자는 변함없이 의자고 문손잡이는 변함없이 문손잡이다. 그런데 안정된 의미의 세계는 평온한 대신에 권태롭고 단조롭다.

수학은 이 권태를 무너뜨린다. 새로운 기호와 새로운 기호 조작의 규칙을 도입하면 우리는 그때까지 경험한 적이 없는 의미 불명의 행위에 빠져들 수 있다. 그 행위의 반복으로 새로운 의미를 만들어 낸다.

수학의 힘을 빌려서 언제까지라도 우리는 어린아이로 있을 수 있는 것이다.

2016년 7월 1일

---

1 '원점을 기준으로 반대쪽으로 날린다'를 '원점을 축으로 180도 회전'이라고 해석하고 "그러면 90도 회전에 대응하는 수는?"이라고 물으면 복소수를 평면상에 배치하는 '복소평면'도 보이게 된다.

똑바로

임의의 점에서 임의의 점으로 직선을 그을 수 있다.

기원전 300년 무렵 유클리드가 편집했다고 알려진《원론》에 나오는 위 문장은 최초의 '요청'이다. 이 '요청'이 나오기에 앞서 "직선은 그 위의 점들에 한결같이 곧게 놓인 선"이며, "선은 폭이 없는 길이"이고, "점은 부분이 없는 것"이라는 '정의'들이 명기되어 있다.

펜을 한 손에 들고 흰 종이와 마주한 다음 시작점과 끝나는 점을 마음에 정하고서 유클리드의 정의대로 시험 삼아 직선을 그어 본다. 나의 의도와 달리 펜 끝은 흔들리고 목표로 하던 끝나는 점을 시야에서 놓치게 된다. 선은 그 위의 점들에 한결같이 곧게 놓이기는 고사하고 휘청거리고, 굽이치고, 여기저기 질어졌다 엷어졌다 한다. 마음먹은 대로 그릴 수가 없다.

다시 그려 본다.

그릴 때마다 새로운, 모습이 다른, 세상에 하나밖에 없는 선이 생겨난다. 근육과 의지의 미묘한 상호 작용, 펜 끝의 방향, 종이의 결…… 그 자리에서 생성되는 여러 조건들이 서로 뒤얽혀서 직선을 목표로 한 운동의 불완전한 궤적이 흰 종이 위에 남는다.

유클리드는 종이를 갖고 있지 않았다. 그의 시대에는 널빤지와 모래 위에 그림을 그렸다. 종이에 비하면 표면의 성질이 그림 그리는 데 훨씬 적합하지 않은 것들이다. 유클리드가 살았던 시대에 이상적인 직선을 그리기란 틀림없이 지금보다 훨씬 곤란했을 것이다.

자를 꺼내 들고 다시 직선을 그려 본다. 목판의 어느 한군데도 고르지 않은 마찰, 모래의 내 마음대로 되지 않는 저항, 직선을 그릴 때 그것들을 마음의 이상에 따라서 지배하는rule 것이 자ruler다. 아름답게 표면이 통제된 백지 위에서 펜은 종이와 근육의 대화를 멈춘 침묵 속에서 거의 완벽에 가까운 똑바른 선을 만들어 낸다.

임의의 점에서 임의의 점으로 직선을 긋는 것. 그것은 엄밀하게는 실현 불가능한 '요청'이다. 자를 대고 부드러운 백지 위에 펜을 달리게 해서 그은 선에도 변함없이 폭이 있고, 눈에 보이지 않는 흔들림이 있고, 농담濃淡이 있다.

그럼에도 이 요청을 굳이 받아들여 보는 것에서부터 유클리드의 기하학은 시작된다. 실은 불가능하다고 하더라도 임의의 점에서 임의의 점으로 직선을 그을 수 있다고 잠시 상상해 본다. 그리고 그려진 선을 앞에 두고 그것을 '균일'한 직선이라고 간주해 본다.

요청을 이렇게 고려해야 비로소 직선을 그려서 만들어 낼 수 있다. 유클리드의 요청, 즉 그의 기하학 무대가 어떻게 설정되어 있는지 모르는 사람에게는 휘청거리고 흔들리는 선으로밖에 보이지 않는다 하더라도 그 세계에 참가하고 있는 수학자에게 그것은 완벽한 직선일 수 있다. 기하학 도형은 그리는 행위와 서로 얽혀서 구현되는 것이다.

나는 집 뒷산 오르기를 일과로 하고 있다. 산에 들어가면 어디에서도 똑바른 선은 찾아볼 수 없다. 연구용으로 보호하는 어린 묘목을 둘러싸고 팽팽하게 쳐진 출입 금지 줄만이 똑바른 모습을 자랑하고 있다. 나뭇가지는 휘어지고, 계곡은 구불구불 흐르고,

짐승들이 다니는 길은 경사면을 따라서 예측 불가능한 곡선을 그린다. 서로가 서로를 만들어 내는 얽히고설킨 자연 속에서 '똑바로'가 실현되는 일은 없다.

'구불구불'과 '휨'은 생명체와 환경이 대화를 나눈 증거다. 짐승이 걸은 흔적은 산의 굴곡과 식물의 배치에 다가붙어 있고, 나무는 바람과 햇살에 맞춰 가지를 뻗는다. 생명체들은 대화에 몸을 연 덕분에 살아남을 수 있었고, 그 결과 산에는 무수히 많은 선들이 복잡하게 포개진다.

대화를 거절하고 환경을 일방으로 지배하는 자ruler에 의해서 똑바른 선은 그어진다. '출입 금지'를 호소하면서 팽팽하게 쳐진 줄은 열린 산속에서 홀로 대화를 거부하고 있는 장소를 암시하고 있다. 아스팔트가 깔려 있는 도로, 역과 역을 연결하는 노선, 환경의 목소리에 귀를 닫고 도시 속에 폭력적으로 그려진 똑바른 선들은 기하학의 세계에서밖에 존재하지 않을 직선의 이상을 자연 속에 그려 넣는다.

편리하고 결벽한 도시에는 똑바른 선이 넘쳐 난다. 학교로부터 취직까지를 연결하는 길, 욕망과 소비를 이어 주는 통로, 현재 있는 곳에서 목적지까지 맞닿은 모든 도로가 제도와 자연 속에 그려져 있다.

그리고 그 선이 인간 행동을 지배한다.

쭉 곧게 살고 싶다고 바란다.

탈선을 두려워한다. 굴절이 싫어진다.

진짜로는 있을 수 없는 직선들에 둘러싸여 있으면 사는 것이 답답해진다.

인간은 그렇게 간단히 거침없이 살 수 있는 존재가 아니기 때문이다.

올곧고 순수한 생각을 똑바로 순수하게 표현할 수 있으면 삶은 훨씬 편할 것이다. 그러나 인생은 새하얀 종이 위에 그려지는 것도 아니고, 아스팔트로 주위를 밟아 쓰러뜨리면서 만들어지는 것도 아니다. 삶이란 얽히고설키는 일이다. 걸음은 길을 만들고, 그 길은 다시 사람을 만든다. 그렇게 그려진 생명의 궤적은 구불구불, 멈추지 않고 계속 구부러진다.

"순수하고 단순한 진실은 좀처럼 순수하지도 단순하지도 않다." 라고 오스카 와일드Oscar Wilde.1854~1900는 말했다. 순수하고 단순한 생각도 행위로서 나타났을 때에는 완전히 순수하지도 단순하지도 않게 된다. 올곧고 순수하게 있고 싶은 바람도 울창하게 뒤얽힌 인생의 수풀에 휘감겨져 버린다.

흰 종이 위에 또 선을 긋는다.

펜 끝은 흔들리고, 결국 볼품없는 행위의 궤적만이 종이 위에 남는다. 그럼에도 그런 선을 그리는 것이 이렇다 할 이유도 없이 재미있어진다. 직선을 목표로 하지만 직선이 달성되지 않는 그 어긋남 속에 바로 내가 있다는 느낌조차 든다.

다시 종이 위에 선을 그린다.

순수하고 단순한 바람이 고정되지 않고 흔들리는 선이 된다.

2016년 10월 1일

단절과 연결

평소 나는 교토의 산기슭에서 생활한다. 그래서 평일에는 가족 이외의 사람과 만날 일이 거의 없다. 집과 산책길, 이 두 개의 작은 생활권에서 삶을 꾸리고 있기 때문에 책과 생활용품을 인터넷에서 구입할 때가 많다. 택배 기사가 하루에 두세 번 방문하는 덕에 서로 아주 낯익은 사이가 되고 말았다.

그러던 어느 날, 걸려 온 전화를 받으니 귀에 익숙지 않은 목소리가 집이 어디인지 잘 모르겠다고 말한다. 택배를 찾으러 바깥으로 나가 보니 한 남성이 "이 주변은 전혀 알지 못해서……" 라고 말하며 어찌할 바를 몰라 한다.

교토로 이사를 와서 처음으로 본격적인 대청소를 하던 시기였다. 교토에서는 하루하루 살아 내는 일이 내가 할 수 있는 전부라서 최소한의 청소와 정리는 해도 대대적인 청소는 한 번도 하지 못했다. 문득, 순식간에 5년 가까운 세월이 흘렀다는 자각이 왔다. 올해는 식구들이 몸이 안 좋아서 자리에 오래 누워 있었기 때문에 집안일에 전념하며 보낸 시간이 많았다. 그러다 갑자기 청소 의욕이 활활 솟아올랐다. 이때다 싶어 열흘쯤 집안 구석구석 청소만 하면서 보냈다.

거실은 원래 화가의 작업실이었던 방으로, 천장이 높아서 사다리가 없으면 벽 청소를 할 수 없다. 빨간 스웨터를 입은 나이 지긋한 택배 기사가 배달해 준 것은 그 청소를 위해 며칠 전에 주문한 사다리다. 그는 택배 회사 트럭이 아니라 자가용으로 보이는 은색 차를 끌고 왔다. 연말이라 아르바이트 직원까지 쓸 정도로 일손이 부족한 걸 알았다면 나중에 주문을 했을 것을……. 후회가 들었다.

인터넷의 등장으로 세계가 '연결'되는 방식은 완전히 뒤바뀌었다.

인터넷이 없었다면 내가 사다리와 연결되기 위해서는 어디든 매장까지 갈 필요가 있었을 것이다. 하지만 내가 한 일이라곤 일본 아마존에 들어가 검색창에 '사다리'라고 치고 상품평

이 좋은 것을 클릭한 것뿐이다. 어떤 가게에서 사다리를 보냈으며 그 가게가 어디에 있는지 나는 모른다. 빨간 스웨터를 입은 그 남성이 어떤 사람이고 평소 무엇을 하는지도 나는 모른다. 어두운 밤길에서 "여기까지 배달해 주셔서 고맙습니다."라고 한두 마디 나눈 게 전부이며, 두 번 다시 그와 만나는 일은 없을지도 모른다.

그럼에도, 어디에서 보내왔는지 모르는 이 사다리는 우리 집과 가장 가까운 매장에 있는 그 어떤 사다리보다도 압도적으로 나와 가까이 있다. 아마존을 중간에 끼고 나와 사다리는 거의 최단 거리로 연결되어 있었던 것이다.

사다리를 손에 넣기 위해서 불필요한 과정은 전혀 거칠 필요가 없었다. 그 대신에 매장까지 걸어가는 중에 있었을지도 모를 이웃과의 대화, 고서점을 지나가면서 떠오르는 생각들, 그 밖에 한눈을 팔 모든 가능성이 나도 모르는 채 사라지고 말았다.

인터넷이 진화함에 따라 세계는 이전에는 생각도 못한 방식으로 연결되고 의도치 않은 방식으로 분리되어 간다. 예를 들어 페이스북과 같은 서비스가 오프라인에서는 불가능한 사회적 연결의 버팀목이 되어 주는 동시에 인터넷 이전에는 생각도 할 수 없었던 방식으로 사회를 갈라놓고 있다는 것은 이미 많은 사람들이 지적해 온 대로다.

거리가 멀어지면 욕망의 비용도 따라서 는다. 그 때문에 세계의 거리는 엄청난 기세로 재편되고 있다. 거대 자본을 투입해서 새로운 연결을 구축하고, 경제에 최적으로 디자인된 거리가 세계 곳곳에 등장한다. 문어 통발처럼 얽힌 네트워크는 새로운 비즈니스 기회를 만들어 낸다. 관심이 같은 사람들이 어느 한 지점에 모여들면 단위 공간당 회수율이 높은 비즈니스가 가능할 것이다. 한편에서는 이처럼 편리한 연결을 기뻐하지만, 다른 편에서는 여기저기 단절이 일어나고 있다.

물론 이 모두는 인터넷과 함께 시작된 현상이 아니다. 이미 150년도 전에 전신과 철도에 의해서 세계는 대규모 접속connection과 단절disconnection의 시대에 발을 들여놓았다.

저서 《유자철선Barbed Wire》에서 스탠포드 대학교의 리비엘 네츠Reviel Netz, 1968~는 공간의 '접속'과 '단절'의 모순되는 관계가 근대에 어떻게 성립하고 변화했는지를 훌륭하게 그려냈다. 그 책에 인상적인 사례가 나온다.

금광을 손에 넣는 것이 목적인 영국과 보어인 사이에 남아프리카 식민지를 둘러싸고 벌어진 제2차 보어 전쟁에 관한 이야기다. 1899년 10월 12일의 선전포고 이후 처음에 영국군은 보어인의 공격에 힘겨워했다. 그러나 해가 바뀌고 나서 공세에 박차를 가해 1900년 6월이 되면 보어의 수도 두 개를 점령하기에 이른다.

그런데 영국의 예상과는 달리 전쟁은 여기서 끝나지 않았다. 보어군이 영국의 철도와 전신망을 절단하는 게릴라전을 개시했기 때문이다. 보어인의 주된 이동 수단은 말이었다. 이와 달리 영국군에겐 철도가 이동과 물자 운송의 생명줄이었다. 말의 움직임을 저지하는 것보다 철도 기능을 마비시키는 것이 쉬웠다. 광대한 초원 여기저기에 흩어져 있는 말의 움직임을 통제하는 것은 불가능에 가깝지만 철도를 멈추기 위해서는 철로를 부분부분 파괴하는 것만으로도 충분하기 때문이다.

영국군은 철도를 게릴라 공격으로부터 지키고 말의 움직임을 막는 방법을 급히 고안할 필요가 있었다. 그래서 눈을 돌린 것이 '유자철선'[1]이다. 유자철선은 1870년대에 미국에서 발명되어 주로 소를 중심으로 한 가축의 움직임을 제어하는 데 이용되었다. 광대한 토지를 돌아다니는 생명체의 행동을 저렴한 비용을 들여 효율적으로 규제하는 도구로서 유자철선은 대단한 혁신이었다.

영국군은 가축의 행동을 제어하는 도구이던 유자철선을 보어인과 그들의 말의 움직임을 저지하는 데 사용했다. 철로와 전신망의 네트워크에 유자철선이 쳐지고 그것을 파괴하려는 보어인을 감시하기 위해 급조한 간이 요새Block House가 노선을 따라서 일정한 간격으로 세워졌다.

이렇게 해서 구축된 간이 요새망에는 예측하지 못한 기능이 있었다. 남아프리카 대초원이 유자철선 네트워크로 뒤덮임으로써, 광대한 토지였던 곳이 경계가 세워진 몇몇 소규모 영역으로 분할된 것이다. '접속'하기 위한 철도와 전신이 유자철선으로 보호됨으로써 영역을 '분단'하는 기능을 갖게 된 것이다. 남아프리카 대초원 전체에 흩어져 있는 보어인들을 몰아내는 것은 불가능했지만 분할된 작은 영역으로 보어인을 몰아넣는 것은 충분히 가능했다. 이 생각도 못한 유자철선 효과가 영국을 승리로 이끌었다. '접속은 그것과 직교하는 방향으로 단절을 만들어 낸다.'

유자철선이 전술로서 본격 이용된 것은 제1차 세계대전 때다. 아이러니하게도 제1차 세계대전은 철도와 전신의 발명이 가져온 긴밀한 '연결'이 공포를 과잉으로 전파해서 일어난 사건이기도 했다. 물자와 정보가 고속으로 왔다 갔다 하는 방향과는 직교로, 참호와 유자철선에 의해서 사람들의 이동이 막히게 되었다. 과거에 가축을 제어하는 데 사용되던 도구는 이제 인간 행동을 저지하는 도구로서 완벽히 기능했다.

자기에게 유리한 자원은 에워싸고, 자기에게 도움 되지 않는 쓰레기는 토해 내는 것이 생명의 기본 기능이다. 그런데 인간은 자기의 경계(혹은 벽, 막)를 너무나도 광범위하고 너무나도 효율적으로 건설할 수 있게 되었다. 유자철선은, 저렴한 가격으로 대규모 벽을 건설하여 부와 힘을 생산해 내는 근대를 상징하는 발명이었던 것이다.

지금도 전쟁터와 군사 시설에는 유자철선이 쳐져 있다. 그런데 지금 시대에 행위 공간의 중심은 물리 세계로부터 가상 세계로 이동하고 있다. 가상 세계에서는 행동을 근본적으로 제어하고 거리를 설계하는 일이 알고리즘에 의해서, 신체에 직접 통증을 유발하지 않은 채, 저렴하고 효율적일 뿐 아니라 대규모로 수행된다. 인간을, 아픔을 이용해 학습시키는 가축이 아니라 역학적으로 제어 가능한 공간 속으로 내던져진 물질이라고 보고 그 행동을 지배하는 것이다. 신체에 직접 고통이 동반되지 않는 만큼 폭력은 점점 보기 힘든 장소에 감춰지게 된다.

대청소로 집은 깨끗해졌지만, 많은 양의 먼지와 쓰레기가 버려져 내가 모르는 어딘가 먼 곳을 지금도 오염시키고 있다. 무질서는 없어진 것이 아니라 단지 이동한 것뿐이다.

연결 또한 증가하거나 줄어든 것이 아니다. 단지 그 방식이 바뀐 것뿐이다. 인터넷과 전신이 등장하기 훨씬 전부터 인간과 생물과 물질 들은 서로 깊고 긴밀하게 연결되어 있었다. 그 연결에 의해서 생산된 부를 우리는 쭉 서로 나눠 왔다.

'삶'이라는 창조의 현장에서 인간을 다른 생물로부터 혹은 생물을 다른 물질들로부터 분리하는 것은 넌센스다. '나'는 살고 있고 '돌'은 살고 있지 않다는 '생명 독점'이 가당키나 한가. 우리는 오로지 '전체'로서 살고 있다. 따라서 제대로 된 세상을 만들기 위해서는 인간을 물질과 같이 취급하는 것이 아니라 물질을 인간처럼 다루는 사상을 키우지 않으면 안 되는 것 아닐까.

'때'가 제도적으로 단절되는 12월의 마지막 날. 지금 나의 마음은 물질과의 생각지도 못한 '연결'의 가능성을 꿈꾸고 있다.

2016년 12월 31일

---

1 유자철선有刺鐵線: 일정 간격으로 날카로운 가시가 달려 있는 철선으로 생명체의 이동을 막는 데 유리하다. 여기에 고압 전기를 흘려보내면 더 큰 효과를 낼 수 있다. 철조망에 많이 쓰인다.(옮긴이)

reason

어젯밤, 농구를 하는 꿈을 꿨다.

마지막으로 시합에 나간 게 벌써 8년도 전의 일이다. 학생 시절에 뛰던 클럽 팀이 대회에 나갔고, 그날은 컨디션이 유독 좋아서 슛이 기가 막히게 들어갔다. 이기면 다음은 결승전인 중요한 시합. 승리가 확실시될 만큼 점수 차가 벌어졌다. 그런데 종료 직전, 레이업슛 후 상대 선수의 발 위에 착지하는 바람에 왼쪽 발목 안쪽 인대와 바깥쪽 인대를 모두 다치고 말았다. 전치 6개월 판정. 수학 공부로 바빠지기 시작했을 무렵이라서 병원도 제대로 다니지 않았다. 그래선지 요새도 날씨가 추워지면 발목이 쑤신다.

어릴 적, 시카고 불스가 전성기를 달리던 때, 시카고에서 마이클 조던을 동경하며 자랐다. 철이 들 무렵부터 오직 농구만 했고 중학교와 고등학교도 농구를 잘하는 학교로 선택했다. 중·고등학생 시절에는 매일 아침 빠지지 않고 달리기와 슛 연습을 했고, 점심시간에는 자율 연습, 팀 연습 후에도 체육관이 문을 닫을 때까지 연습. 365일, 수업 시간 이외에는 농구에만 빠져 사는 6년을 보냈다.

대학에 들어가고 나서는 농구를 그만둘 생각이었다. 농구 선수로서 사는 것은 포기하고 있었기 때문에 좀 더 넓은 세계로 노를 저어 나가려고 생각하고 있었다. 재미 삼아 농구를 할 생각은 없었고, 클럽에 들어가려고 생각하지도 않았다.

그런데 대학 4학년 때, 고등학생 시절 도쿄 지부 선발로 함께했던 멤버의 권유로 클럽 팀에 들게 되었다. 놀이가 아니라 진지하게 연습하는, 아주 분위기가 좋은 팀이었다. 농구를 하고 싶어서 온몸이 근질거렸다. 처음에는 슬플 정도로 몸이 움직이지 않았지만 1년쯤 하다 보니 감각이 되돌아왔다. 그 직후에 부상을 입었다.

무슨 이유에서인지 최근 농구 꿈을 자주 꾸었다. 그런데 몸은 물 먹은 솜처럼 무거워서 날아온 패스를 잡을 수 없거나 달리려고 해도 앞으로 나가지지를 않는다. 점프를 하고 싶은데 슬프게도 뛸 수가 없다. 마지막에는 운동화를 신고 있지 않다는 것을 알고 새파랗게 질린다. 감독의 노성이 날아온다. 기분 나쁜 땀을 흘리면서 잠에서 깬다. 이런 악몽이 반복되었다.

얼마 전 오랜만에 모교를 방문해서 10년 만에 감독을 만났다. 중·고등학생 시절 누구보다도 긴 시간을 함께한 선생님이다. 수술을 받았다는 이야기를 들었기 때문에 걱정했는데 조금 마르긴 했어도 건강해 보여서 안심했다. 그 감독의 눈을 이제는 마주 볼 수 있었다. 희한하게도 이때 이후 농구 악몽을 꾸지 않게 되었다.

과거는 현재에 그림자를 드리운다.

그 그늘은 시간의 흐름과 함께 섬세하게 표정을 바꿔 나간다.

학생 시절에는 뒤를 돌아보기보다는 눈앞에 펼쳐지는 미래에만 집중했다. 미래는 보이지 않았다. 그래서 더 불확실한 쪽으로 뛰어들고 싶었다. 대학에 들어가서는 곧바로 벤처 설립에 참여해서 프로그래머로 일하기 시작했다. 그때도 미래가 보이지 않는 선택이었다. 그때까지는 컴퓨터 앞에 앉아 있기만 해도 현기증을 느꼈으므로 프로그래머로 일한다는 것은 꿈에도 생각해 본 적 없는 일이었다.

수학으로 길을 돌릴 때도 심경은 비슷했다. 입시 수학에 재미를 느끼지 못하고 몇 년 동안이나 수학을 하지 않았던 나였기에 수학과에 진학한다는 것은 상상도 못하던 선택이었다. 그렇지만 오카 기요시의 에세이에 매료당해서 수학에 풍요로운 세계가 있다는 것을 알았을 때, '지금이라도 늦지 않다!'라고 나의 가슴은 고동쳤다. 미지의 세계에 뛰어드는 것, 미래가 점점 보이지 않게 되는 것. 오로지 그 일에 두근거렸던 것이다.

'지금'에 침투해 들어오는 과거의 힘이 조금씩 존재감을 늘려나간 것은 그러고 나서 꽤 지난 뒤의 일이다. 잊고 있다고 생각했던 것, 두고 온 게 틀림없던 과거가 눈앞의 풍경에 스며들어 번지더니 나를 고민하게 만들고, 옥죄고, 격려했다. 과거의 힘에 삼켜져 먹힐 뻔했던 적도 있다. 미래에 뛰어드는 결단보다도 과거와 협상하는 용기가 절실한 과제로 떠올랐다.

현재에는 과거와 미래가 비친다. 어느 한 사람의 의식 안에서만 그런 게 아니다. 말에서 태어난 이야기, 화폐와 학문 같은 제도, 다양한 행위 습관은 현재를 과거와 미래로 연결하는 장치다. 사람은 켜켜이 두텁게 쌓인 시간을 살고 있다. 그 두터움 속에서 마음의 갈등과 움직임, 그리고 색채가 피어난다.

현재와 과거를 잇는 '이유'. '지금'부터 미래를 이끄는 '추론'.

'이유'도 '추론'도 영어로는 리즌reason이다. '지금'에만 있을 수 없는 사람의 마음은 reason의 힘으로 과거와 미래를 떠올리고 '이성'reason의 힘으로 타자의 마음을 헤아린다.

reason이라는 말의 기원은 라틴어 라티오ratio라고 한다. ratio에는 '견주기'比라는 의미가 있다. 단위에 견주어 상대적인 크기를 측정하는 것. 그것이 '견주기'라는 발상의 기본이다. '미지'를 '기지'(알고 있는 것)에 견주어 파악하려고 하는 것이 ratio다.

인간은 명백한 '지금'을 있는 그대로 받아들이는 대신에 '나'와 '현재'를 시작점으로 삼아 미지의 우주를 상대적으로 측정하려고 한다. 길이를 재거나, 미래를 예측하거나, 과거의 이유와 타자의 마음을 헤아리는 것도 모두 있는 그대로의 세계에 '단위'를 갖다 대어 보는 데서부터 시작한다. 문제는 이 세상에 절대적인 '기지' 같은 건 하나도 없다는 사실이다. 견주어서 측정하는 단위란 현재의 임시적인 것에 지나지 않는다.

수학이라면 셈을 하는 데 쓰이는 '1'과 증명의 바탕이 되는 '공리'가 추론과 계산의 시작점이고, 인생에서는 '나'와 '현재'가 세계를 시간과 공간의 펼쳐짐 속에서 파악하기 위한 시작점이다.

우리 앞에 펼쳐진 세계는 과거와 미래가 함께 직조되어 디자인된 세계다. 그것은 어차피 '나'와 '현재'라는 시작점을 기준으로 상대적으로 측정된 깊이에 불과하다. 그러나 그 가상의 깊이에 우주는 뭔가를 표현하고 있다.

reason은 단지 기호를 옳게 다루기 위한 것만이 아닌 게 분명하다. 그것은 고요한 우주에 '단위'를 투여하여 시간과 공간을 넘어 울려 퍼지는 '지금'을 드러내 보이는 마법과 같은 과정이다.

있는 그대로의 우주에 살아야 할 '이유' 같은 건 어디를 찾아봐도 없다.

reason은 창조되지 않으면 안 되는 것이다.

2017년 5월 1일

정서情緒

내일부터 두 주 동안 유럽에 간다. 이 원고가 게재될 무렵에는 파리에 있을 것이다. 이번에는 파리 일정 후 런던, 브라이턴, 빈을 돌면서 몇 번의 강연과 취재, 만남을 진행할 계획이다.

올해부터는 되도록 적극적으로 기회를 만들어서 해외 활동을 늘려 나가자고 생각하고 있다. 최우선 목표는 친구 찾기다. 내 생각을 세계 곳곳에 발신하고 뜻을 함께할 수 있는 친구를 찾고 싶다. 그리고 일본어로부터 벗어나는 시간을 보내고 싶은 마음도 있다.

나는 어릴 적 미국에서 컸기 때문에 애당초 좋든 싫든 일본어로부터 떨어져 있었다. 초등학교 4학년 때 귀국했는데, 지금도 일본어가 모어母語로서 내 속으로 깊이 침투해 있다고는 느끼지 않는다. 그래서 해외에 나가려는 마음보다는 일부러라도 일본에 머물러서 일본어가 몸에 더 깊이 배게 하고 싶은 생각이 계속 있었다. 그러다가 일본어뿐만 아니라 다른 언어로도 사고하고 대화하고 읽고 쓰는 시간을 늘리고 싶다는 마음이 점점 강해졌다.

언어는 물론 커뮤니케이션 도구다. 그런데 그 이전에 '자기'를 직조하는 실이기도 하다. 언어 행위는 뭔가를 전하는 것일 뿐만 아니라 세계를 만들어 내는 일이기도 하다. 무슨 언어를 써서 어떤 모습으로 자기를 직조하고 어떤 세계의 풍경을 만들 것인가. 여기에 커다란 가능성의 바다가 펼쳐져 있다.

인간은 누구든지 국소적인 존재다. 생명 있는 모든 것은 자기가 피어 있는 작은 자리에서 한껏 피어난다. 그러한 드러남이 조금조금씩 모여 생성된 전체가 바로 풍요로운 세계인 것이다. 그래서 자신의 모어로 철저하게 사고하는 것에 의미가 있다. 거기서밖에 보이지 않는 풍경, 그렇게 해야만 비로소 부딪히는 문제가 있다.

최근에는 내가 일본어와 일본에 너무 깊이 물들어 있다는 느낌이 든다. 이번에 여행 짐을 꾸리면서 3년 전에 쓰다 남은 유로화와 파운드화 동전을 정리했다. 그런 다음 자동판매기에 백

엔짜리 동전을 넣을 일이 있었는데 그 순간 '이것이 백 엔인가!' 하고 위화감이 느껴졌다. 유로화와 파운드화 동전을 만지고 난 뒤에 일본화 동전을 만졌더니, 당연하게 여겨졌던 백 엔의 백 엔다움이 문득 백 엔 동전이라는 물질의 생생함으로 바뀐 것이다. '아, 나는 이제 평소에 이런 것도 자각하지 못하게 될 정도로 일본의 제도에 몸과 마음을 담그고 말았구나!' 하고 생각했다.

어릴 때는 일본어보다도 영어를 더 잘했다. 열 살 때까지는 소설을 읽는 것도 꿈을 꾸는 것도 여동생과 이야기를 나누는 것도 전부 영어로 했다. 그래서 일본어를 배우는 것이 재미있었다. 중·고등학생 시절에는 옛글과 한문 수업이 너무 재미있어서 어쩔 줄 몰라 할 지경이었다. 고전을 소리 내어 읽는 것은 정말 열중해서 공부했다. 그럴 때마다 '이것이 백 엔인가!'의 위화감과 비슷한 느낌을 받았다. 소박한 경이와 발견의 연속이었다.

뭔가를 '안다'는 것은 알려고 하는 자신이 어떻게 '있는가'와 불가분이다. '아는 것'knowing과 '있는 것'being을 분리할 수는 없는 노릇이다. 언어를 바꾸는 것은 존재being를 바꾸는 강력한 방법 가운데 하나다. 평소와 다른 말을 쓰는 것만으로도 성격과 발상뿐 아니라 눈앞에 펼쳐지는 풍경이 보이는 방식까지 달라진다. 애써 일본어로부터 떨어져 있는 시간을 보내면 오히려 일본어가 보이게 되는 경우도 있다.

지금 오카 기요시의 에세이 《수학자의 공부》를 영어로 옮기고 있다. 1963년에 마이니치 신문사에서 출판된 이래 반세기 넘게 누구도 번역에 손을 대지 않았는데, 직접 해 보니 그 이유를 알 것 같다. 먼저 오카 기요시 사상의 중심에 있는 '정서'情緒라는 말을 어떻게 번역하면 좋을지의 문제에 부딪힌다. 내가 갖고 있는 《신화영대사전新和英大辭典》(제5판)을 열어 보니 '정서'는 emotion, feeling, atmosphere, spirit 같은 말로 번역되어 있다. 그리고 예문으로는,

the formation of a richly emotional humanity(정서 풍부한 인간성 형성)

a spa town richly imbued with Japanese atmosphere (일본 정서 풍부한 온천 마을)

등이 나와 있다.

문맥에 따라서 emotion과 atmosphere는 나름 납득이 되는 번역이다. 그러나 '정서'라고 말할 때는 emotion이나 atmosphere 가운데 하나만이 아니라 개인의 감정 및 정동emotion과 주위 환경의 분위기atmosphere가 상호 침투하고 있

다는 뉘앙스가 있다. knowing(뭔가를 느끼고 아는가)과 being(환경 안에 어떻게 있는가)을 분리할 수 없다는 전제가 '정서'라는 말의 바탕에 깔려 있다. 그 뉘앙스를 영어로 어떻게 표현하면 좋을까?

게다가 문제는 오카 기요시가 '정서'라는 말을 일상적인 의미로는 사용하지 않았다는 점이다. 그는 '마음'이라고 제목이 붙은 에세이에서 "(나는) '정서'라는 말을 만들었다."라고 적었다. 그가 '만든' 말로서의 '정서'의 뉘앙스를 한마디로 설명하는 것은 일본어로도 어려운 일인 것이다.

그래서 나는 부러 '정서'를 번역하지 않고 그대로 둔 다음, 내 나름으로 이해한 '정서'의 의미를 긴 각주로 달았다.

The usual connotation of the Japanese term "jōcho" is that of emotion or feeling triggered by the atmosphere, or the atmosphere itself. However, Oka states in his essay "Kokoro" that "I made up the term jōcho in order to study the human mind" and since this is the key term to understand Oka's philosophy, I will leave this term untranslated throughout. The problem is that Oka never clearly defined what he means by this word, and he even states clearly in an essay titled "Inochi" that "jōcho is a word that has no definition in the first place." Instead of trying to define the term, he shows how this concept works in several different contexts. In a way, all of his writings were an attempt to clarify the meaning and depth of the concept jōcho.

The term jōcho written in Japanese, consists of two ideographs "情(jō)" and "緒(itoguchi)". The former carries various meanings such as feeling, sentiment, attachment, passion, love or emotion which in any case connotes the motion or flow of the mind which penetrates between individuals or in between a person and the environment. The latter ideograph "緒" implies a beginning, a trigger or a clue. In Oka's thinking, based on Buddhist philosophy, the mind is latently omnipresent in the universe, and jō, which is an aspect of this omnipresent mind, moves or flows in between a person and his/her surroundings. Each existence of a being (not necessarily human) acts as a trigger[=緒] to actualize the latent mind into a personal mind, and realizes the flow of jō in the form of a personal feeling or sensation. Jōcho, in Oka's original sense, so far as I understand it, refers to this cognitive capacity (which he thinks can be cultivated through education) to localize and actualize the global flow of jō into a particular feeling or sensation. But it is in his later writings in which he begins to clarify these ideas, and in his earlier essays, including this one, the connotation of the term jōcho is still quite vague.

주석 내용을 간추리면 다음과 같다.

통상의 의미에서의 '정서'에는 환경의 다양한 요인에 의해서 불러일으켜지는 정동과 감각과 감정 혹은 그러한 감각을 불러일으키는 환경의 분위기를 가리키는 의미가 있다. 그러나 오카 기요시는 〈마음〉이라는 글에서 "'정서'라는 말을 만들었다."라고 했고, 〈생명〉이라는 에세이에서는 "'정서'는 애당초 정의가 없는 말"이라고도 적었다. '정서'라는 개념을 미리 정해 두고 논의를 구축해 가는 것이 아니라 그 말을 다양한 문맥에서 사용하면서 그 행위를 통해서 개념의 내용을 밝히는 방법을 취하고 있는 것이다.

정서는 '情'과 '緖'라는 두 뜻글자의 조합이다.

'情'은 문맥에 따라서 다양한 뜻을 갖는데 영어로 번역하면 feeling, sentiment, attachment, passion, love, emotion 등등이 될 것이다. 이 모든 단어는 인간과 환경 사이를 오가는 마음의 움직임을 나타낸 개념이다. 오카 기요시는 살아 있는 온갖 것에 마음이 있다고 생각하고 있었다. 게다가 그가 '살고 있다'고 말할 때는 생물로서 자율성을 가지고 있는 것뿐만 아니라 물과 돌 같은 물질도 살고 있는 것에 포함된다. 그는 만물에 마음이 있다고 생각한 것이다. '情'은 특정 개인이 소유하고 있는 마음이 아니라 만물 사이를 오가는 마음이다. 그것을 개개의 존재가 자기의 국소적인 신체를 緖(단서)로 삼아 각자의 feeling, sentiment, emotion으로 구체화한다. '나의 마음'은 마음 없는 물질의 집합적 행위로서 생겨나는 것이 아니라 마음으로 가득한 우주의 국소화로서 생겨난다.

'정서'는 큰 '情'을 작은 '나의 마음'으로서 국소화해서 구체적으로 표현하는 작용이다.

현시점에서는 나는 이렇게 이해하고 있다.

재미있는 것은 처음부터 일본어로 쓰고 일본어로 사고했다면 '정서'를 위와 같이 해설할 생각을 못했을 거라는 점이다. '정서'라는 말은 일본어에 너무나도 깊이 침투해 있어서 오카 기요시의 에세이를 읽을 때 거의 막힘없이 읽어 낼 수 있다. 그런데 막힘없다는 것이 반드시 알고 있다는 것이라고는 할 수 없는 노릇이다. 단지 생각하지 않고 그대로 받아들이는 경우도 있으니까.

영어와 일본어를 왔다 갔다 해 보고서야 비로소 보이는 것이 있다. 나는 이런 왕복을 좀 더 하고 싶다.

가뿐히 움직이는 것과 뿌리를 내리는 것. 그 둘이 양립하는 게 이상적이다.

드디어 출발할 때가 왔다.

갔다가 돌아온 뒤에 '처음부터 내가 있던 자리'가 어떤 식으로 바뀌어 있을지 벌써부터 기대된다.

2017년 7월 1일

변신

아인슈타인이 말하기를, 우리가 직면하는 문제는 그 문제가 발생한 때와 똑같은 수준의 사고로는 해결할 수 없다. 현대 사회는 어느 쪽을 보더라도 '중대한 문제'가 산적해 있다. 그런데 문제가 발생했을 때보다 높은 수준의 사고를 과연 내가 해낼 수 있을까? 어쩐지 자신이 없다.

지금 세계의 스마트폰 유저는 20억 명을 넘는다고 한다. 앨런 튜링Allan Turing, 1912~1954이 지혜를 짜내서 이론을 구축하고 세계 곳곳 과학자들의 맹렬한 연구와 막대한 예산을 투하한 끝에, 이윽고 제2차 세계대전 이후 작동하기 시작한 '만능 계산 기계'를, 모든 나라의 남녀노소가 한 손에 들고 다니는 시대가 오리라고 튜링 본인은 꿈에라도 생각했을까.

이토록 빠른 기술 보급은 정치 제도와 화폐 제도의 양상을 근본부터 뒤흔들고 있다. 앞으로 도대체 어떤 새로운 '문제'가 일어날까? 예측조차 어렵다. 컴퓨터를 발명하고 개발하는 것은 이만저만한 노력으로는 할 수 없는 일이었다. 세계 곳곳의 지혜와 노력을 결집하고 막대한 자금과 시간을 들여서야 간신히 실현할 수 있었다. 그에 비해 컴퓨터를 사용하는 것은 너무나도 간단한 일이 되어 버렸다. 갓 태어난 아기조차도 스스로 스마트폰을 손에 쥐고 동영상을 재생하고 기뻐하는 시대다.

일찍이 컴퓨터가 전문가의 전유물이 아니라 아이를 포함해서 누구든지 사용할 수 있는 미래가 올 거라고 전망한 사람은, 컴퓨터 과학자이자 교육자이자 재즈 연주가인 앨런 케이Allan Kay. 1940~다. 일전에 그의 인상적인 인터뷰[1]가 공개되었는데, 거기에서 그는 스마트폰이 이 정도까지 엄청나게 보급된 현상을 평하고서 "컴퓨터는 세련된 TV가 되었다."라고 말했다.

컴퓨터는 새로운 시대의 연필과 종이와 책과 같은 것이 되지 않으면 안 된다는 것이 그의 주장이다. 컴퓨터는 미디어인데, 그것도 단순한 미디어가 아니라 '메타 미디어', 즉 모든 미디어를 만들어 낼 수 있는 미디어라는 뜻이다. 이 특별한 미디어를 자유자재로 사용할 수 있는 능력을 읽고 쓰는 능력을 익히는 것과 똑같은 정도로 진지하게 익혀 나가야 하지 않느냐고 그는 수십 년 전부터 제안하고 있다. 읽기-쓰기를 상식으로 삼음으로써 인간 사회가 다시 태어났던 것과 마찬가지로, '컴퓨터 리터러시[2]'(이것은 단순히 '프로그래밍을 할 수 있다'는 얕은 의미가 아니라고 앨런 케이는 거듭 강조한다)를 상식 사전에 등록함으로써 지금까지와는 다른 인간으로 태어날 수 있다는 주장이었다.

플라톤의 《파이드로스》에는 소크라테스가 문자와 책을 비판하는 장면이 나온다. 소크라테스는 이집트의 왕 타무스의 입을 빌려서 다음과 같이 말한다. 문자를 배우면 잊기 쉬워진다, 문자가 주는 지혜는 진실한 지혜가 아니라 지혜의 겉모습만 하고 있는 것이다, 책만 읽는다면 지혜로운 이가 되는 대신에 자기가 지혜롭다고 잘난 체를 하게 될 뿐이다, 라고. 쓰여진 말은 진실의 말, 즉 '생명과 혼을 가진 말'의 그림자에 지나지 않는다는 주장이다.

플라톤이 살던 시대에 문자와 책은 최첨단 기술이었다. 그러니까 소크라테스는 신흥 테크놀로지를 경계하자고 충고했던 것이다. 그런 소크라테스의 말을 플라톤은 문자로 기술했다. 스마트폰 비판을 스마트폰으로 쓰고 있는 모양새랄까. 그러나 플라톤은 빈틈없는 질문을 던진다. 책이 얕은 지혜밖에 담아 내지 않는다고 하는데 왜 굳이 글을 쓰려고 하는 현인이 있는가? 이에 소크라테스는 "즐거움을 위해서"라고 답한다. 즐거움을 위해 술잔치와 여타 오락거리를 즐기는 대신 글을 쓴다는 것이다.

지금 우리에게 읽기-쓰기는 심심풀이를 넘어서 그것 없이는 살아갈 수 없는 능력이 되었다. 문자는 말로 전하는 것과 똑같은 내용을 단지 기록하기 위한 미디어가 아니다. 문자는 문자에 의해서만 가능한 사고 세계를 구축한다. 문자에 의해서 인간은 그때까지와는 다른 인간이 된다. 현대 사회는 읽고 쓰는 능력을 통해 다시 태어난 인간을 전제하고 설계되어 있다. 사회 자체가 문자에 의해서 바뀌고 만 것이다.

읽고 쓰는 능력을 익히기란 예삿일이 아니다. 아직까지도 아이들은 읽기-쓰기를 익히기 위해서 몇 년이나 학교를 다니지 않으면 안 된다. 노동을 하는 대신에 시간을 들여서 자기 변화를 위한 훈련을 한다. 그 훈련을 마치지 않으면 사회에 참여할 수 없다. 인류는 막대한 시간과 비용을 들여서 '읽고 쓰는 신체'로 살기로 선택한 것이다.

컴퓨터 리터러시를 익히는 것에는 읽고 쓰는 능력을 익히는 것과 마찬가지로 인간을 근본적으로 변화시킬 가능성이 있다. 컴퓨터를 단지 도구로서 사용하는 것이 아니라 컴퓨터에 의해서 인간이 다시 태어나는 미래야말로 앨런 케이가 꿈꾸는 미래다. 그렇기 때문에 전 세계 20억 명이나 되는 사람들이 한 손에 스마트폰을 들고 SNS에 글을 쓰며 일희일비하고, 엄청나게 흘러나오는 광고에 노출된 채, 편리한 서비스를 수용하기만 하는 현상을 보고서 그가 "컴퓨터는 세련된 TV가 되었다."라고 한탄한 것이다.

컴퓨터는 사용자와 너무나도 가까이 있게 되었다. 편리해진 것은 고마운 일이지만 그 결과 우리는 스스로 다시 태어나려고 하는 주체적인 의욕을 잃어버린 것은 아닐까.

선구자들의 눈물겨운 노력이 만들어 낸 기술을 그냥 편리하게 소비만 해서는 '그것이 만들어졌을 때의' 수준 이상을 사고할 수 없게 될 것이다. 편리한 기술과 쾌적한 서비스를 소비할 뿐만 아니라, 그것이 만들어졌을 때보다도 높은 수준에서 사고하는 인간을 우리는 진지하게 키워 나가지 않으면 안 된다. 또한 스스로도 그런 사람으로 바뀌어 나가야 한다.

"오늘날 학교란 어떤 곳일까요? 서른 명의 인간이 다른 인간이 말하는 것을 듣는 공간. 중세와 똑같지 않습니까?"라고 앨런 케이는 비꼬듯이 말한다. 한 손에 쏙 들어가는 이 아름답고 세련된 컴퓨터를 만들어 냈을 때와 똑같은 정도의 정열과 의지와 지혜를 우리가 이 기술에 걸맞은 존재로 다시 태어나기 위해서 쏟아부을 수 있다면, 세계는 틀림없이 지금보다 훨씬 사는 보람이 있는 장소로 거듭날 것이다.

2017년 10월 1일

---

1 https://www.fastcompany.com/40435064/what-alan-kay-thinks-about-the-iphone-and-technology-now

2 리터러시literacy: 문자로 된 것을 이해하고 활용하는 능력을 가리키는 말이었지만, 요즘에는 문자를 비롯한 각종 매체로까지 대상이 확장되어 '미디어 리터러시'라고 자주 쓰인다. 특정 매체를 강조하여 '디지털 리터러시', '문화 리터러시'처럼 쓰이기도 한다.

지금 이 자리에서

어제 아들과 함께 공원에 갔다.

"고옹워어언~" 하는 아들의 간청에 화답하여 "조오치 가자!"라고 말할 수 있는 것이 얼마나 고마운 일인지 절실히 실감하는 요즘이다.

작년 마지막 날부터 올해 초에 걸쳐서 아들은 도쿄 소재 병원에 입원해 있었다. 처음 나흘간은 계속 금식이었기 때문에 "녹차", "물" 하고 불안한 목소리로 우는 아들을 달래는 것밖에 할 수 있는 일이 없었다.

입원 전에 아들에게 "저거 줘."라는 말을 가르쳤다. 갖고 싶은 것이 있을 때 발을 동동 구르며 조르지 말고 갖고 싶은 것을 제대로 가리키면서 "저거 줘."라고 말하면 통한다고 일러 줬다. 입원 중에 아들은 처음으로 그 말을 할 수 있게 되었다. 왼손에 수액 주사를 고정하는 부목을 가리키고 내 눈을 보면서 거의 완벽한 발음으로 "저거 빼 줘."라고 말했다. 곧바로 아들 말에 반응하고 싶었지만 그 상황에서 주사기를 떼 줄 수는 없는 노릇이었다.

태어나자마자 두 번의 수술을 한 것도 있고 해서 입원 중에 여러 가능성을 염두에 둘 필요가 있었다. 고향 가는 길에 아들의 상태가 나빠졌기 때문에 입원한 곳도 늘 다니던 교토 소재 병원이 아니었다. 수술 후 경과를 상세하게 아는 사람은 어디에도 없었다. 계속해서 바뀌는 당직 의사들과 주의 깊게 커뮤니케이션하는 것 외에 내가 할 수 있는 일은 그냥 몸과 마음을 다해 기도하는 것뿐이었다. 다행히도 내 바람이 통했는지, 입원 시 생각했던 베스트 시나리오에 가깝게 아들은 순조로이 회복해 나갔다.

물을 마실 수 있게 되자 아들은 "쿠키", "방어", "밥" 하고 울부짖었다. 이윽고 조금씩 먹을 수 있게 되자 "고옹워어언~" 하고 바깥을 가리키며 울었다. 퇴원이 결정되는 그날까지 언제 퇴원할 수 있는지 알 수 없었다. 그래서 언제 공원에 가자고 약속할 수도 없었다. 아들과 함께 공원에 가는 그날을 나도 진심으로 고대하고 있었다. "고옹워어언~"이라는 말에 "조오치 가자!"라고 대답할 수 있는 지금을 그래서 기적처럼 고맙게 느끼는 것이다.

> 길은 가까운 곳에 있다. 그런데 사람들은 헛되게도 멀리서 찾고 있다.
> 일은 하면 쉬운 것이다. 시작도 하지 않고 미리 어렵다고 생각하기에 할 수 있는 일도 놓치는 것이다.

《맹자》에 나오는 구절이다. 정말로 중요한 것은 아주 가까이에 있다. 우리 자신의 생각이 그것을 밀쳐 내고 일부러 어려운 지경으로 우리를 빠뜨린다.

"고옹워어언~"이라는 말을 듣고 공원에 갈 수 있다. "저거 줘."라는 말을 듣고 물건을 건네줄 수 있다. 밥을 먹을 수 있고 물을 마실 수 있다. 그런 당연하고 간단한 것이 얼마나 고마운 일인가를 지금 절실히 실감하고 있다.

입원해 있는 동안 아들의 즐거움은 〈토마스와 친구들〉 DVD를 보는 것이었다. 원작은 영국의 윌버트 오드리Wilbert Awdry. 1911~1997 목사가 지은 그림책이다. 홍역에 걸린 두 살짜리 아들을 위로하기 위해서 만든 작품이라고 한다. 그 때문인지 〈토마스와 친구들〉에는 식사 장면은 물론이고 아이다운 놀이 장면도 나오지 않는다. 아무튼 인간이 아니라 기관차가 등장하기 때문에 애당초 움직여야 할 손과 발조차 없다.

금식 중에 맛있어 보이는 케이크와 과일을 보는 일은 괴롭다. 많은 애니메이션이 건강하고 식욕 넘치는 아이들을 상정하고 있기 때문에 식사 장면도 여과 없이 내보낸다. 손과 발도 마음껏 움직이게 한다. 병 있는 아이를 특별히 배려하지 않는다. 그런데 〈토마스와 친구들〉은 달랐다. 아들이 입원하고 나서야 비로소 자각한 자그마한 발견이다.

가치 있는 것은 모든 이에게 가깝게 있고 접근이 쉬운 곳에 있다고 맹자는 역설했다. 정말로 중요한 것이 있다면, 그것은 존재하는 모든 것에 똑같이 주어져 있을 것이다. 먹는 것도, 몸을 움직이는 것도 할 수 없는 아이가 즐길 수 있는 이야기를 만든 오드리 목사도 틀림없이 그렇게 믿고 있었을 것이다.

작년에 나를 흥분시킨 뉴스 가운데 하나는 중력파 검출을 실마리로 진행된 두 중성자별 충돌 이벤트를 관측한 일이었다.[1] 그때 세계 곳곳의 지知를 결집해서 맨눈으로는 볼 수 없는 시공의 잔물결을 포착하고, 금과 백금 같은 무거운 원소들이 생겨나는 기원에 한 발 다가서는 발견을 얻었다. 인류의 우주관이 앞으로 눈부시게 변화해 갈 것이라는 생각에 가슴이 뜨거워졌다.

그러나 덮어놓고 열광할 수는 없다. 중력파 관측을 실현하기 위해 막대한 자금과 재능이 투입되고 있는데, 이러한 빅 사이언스Big Science 현장에 참가할 수 있는 이는 건강과 재능과 노력을 갖췄을 뿐만 아니라 사회적 지위와 행운까지 받쳐 주는 사람들이다. 그러한 일부 엘리트만이 지의 '최첨단'을 맡고 있다는 발상을 아무 생각 없이 받아들이지 않도록 주의를 기울일 필요가 있다.

《생명, 인간, 경제학生命・人間・経済学》이라는 우자와 히로후미宇沢弘文, 1928~2014와 와타나베 이타루渡辺格, 1916~2007의 대담집에서, 우자와는 경제학에서 신고전파와 같은 생각을 연장해 나가면 "어떤 행동이 좋은지"와 같은 윤리 기준이 부정당하고 "돈벌이가 되는 것은 좋은 일"이라는 슬로건만 남는다고 지적한다.

이에 호응해서 와타나베는 "새로운 연구를 낳는 연구가 좋다"고 생각하는 자연과학계의 풍조를 두고 "현재 사회 상황에서 생산성이 높은 분야의 연구"만이 성장해 간다는 점에서 두 현상이 본질적으로 비슷해 보인다고 응답한다.

문제는 '돈벌이가 되는 것은 좋은 일'이라는 결론이 아니다. 그 결론을 이끌어 내는 전제에 깔려 있는 프레임을 자각하지 못하게 되는 것이 더 근본적인 문제다. 시장 가격으로 측정하는 국민총생산은 완전경쟁시장경제 제도 아래에서 최대화된다. 이것을 증명하면 '돈벌이가 되는 것은 좋은 일'이라는 슬로건도 정당화되는가? 아니다. 우자와는 애당초 이러한 이론을 성립시키는 "프레임을 만드는 방식" 자체가 시장경제 제도를 정당화하도록 고안된 것이라고 지적한다.

이에 와타나베는 자연과학 연구 또한 어떤 커다란 사회적 프레임에 갇혀 있는 것은 아닌가, 하고 말한다. 자연과학도 가치 문제와 관계가 없을 수 없으며, "새로운 연구를 낳는 연구가 좋다"는 가치를 정당화하는 프레임에 자연과학계가 거의 아무런 자각 없이 가담하고 있을 가능성이 있다고 말이다.

자연과학이 거둔 눈부신 성과에 가슴이 뛰는 것과 동시에 마음 한구석에서 경계심이 솟아오르는 것도, '최첨단' 과학에 열광하는 배경에 어딘가로 매우 치우쳐 있는 '가치 판단'이 잠재해 있다고 생각하기 때문이다.

중력파 관측은 틀림없이 과학의 위대한 성과로, 그 자체는 훌륭한 일이다. 하지만 그러한 '최첨단'에만 가치 있는 학문이 있는 것은 아니다. 마르쿠스 가브리엘Markus Gabriel. 1980~이 저서 《왜 세계는 존재하지 않는가》에서 반복해서 입이 닳도록 말하고 있는 것 같이 애당초 '우주'는 '세계'가 아니다. '우주'

는 어디까지나 물리학의 연구 영역에 지나지 않는다. 거기에는 공원도 없고 부모-자식 관계도 없다. 그래서 '우주'를 연구한다는 것은 '모든 것'에 대해 생각하는 것이 아니다. 우주는 세계 전체(그런 것이 존재하지 않는다는 것이 가브리엘의 주장인데)보다도 훨씬 작다.

빅 사이언스에 열광하는 배경 어딘가에 우주와 세계를 혼동하는 것과 비슷한 오해가 섞여 들어가 있는 것은 아닐까. 사실, 중력파 연구를 불교 역사나 바쇼 문학 연구보다 첨단이라고 생각해야 할 이유는 없는 것이다. 과학의 성과는 기쁜 일이지만 잘못된 방향으로 과대평가하지 않도록 주의해야 한다.

지의 본질에 가장 육박해 있는 특별한 자리 같은 건 어디에도 존재하지 않는다. 최첨단만이 가치 있는 자리는 아니다. "연구를 한다는 것은 정열을 품고 세상일을 묻는 것 이상도 아니고 이하도 아니다."라고 수학자 알렉산더 그로텐디크Alexander Grothendieck.1928~2014는 말했다. 모든 사람이 지금 이 자리에서 '정열을 품고 세상일을 묻는 것'이야말로 학문의 생명이다.

별일 아닌 듯 아들과 공원에 갈 수 있는 것이 지금은 기적처럼 고맙다. 그런데 돌아보면 가족과 보낸 병원에서의 나날 역시 그 무엇과도 바꿀 수 없는 소중한 시간이었다. 물을 마시고 싶다, 공원에 가고 싶다, 라고 함께 바라면서 지낸 모든 시간에 진실이 있었다. 멀리, 어려운 자리에만 가치가 있는 것이 아니다. 소중한 것은, 지금 이 자리에서, 모든 사람에게 이미 주어지고 있다. 물론 그걸 자각하는 일은 간단하지 않다.

나는 최첨단을 열어젖히는 위대한 영웅은 될 수 없고 될 생각도 없다. 그 대신 가능하다면 누구든지 지금 이 자리에서 이미 영웅이라고 자각할 수 있는 그런 세계를 만들어 나가고 싶다.

2018년 2월 1일

---

1 다음 기사를 참조.(옮긴이)
http://www.bizhankook.com/bk/article/17690

나비

철학의 길에서 제일 먼저 꽃을 피우는 벚나무가 있다. 며칠 전 그 나무가 예년보다도 한 걸음 앞서서 봉오리에서 흘러넘친 듯한 선명한 분홍빛 꽃으로 하늘을 가득 채웠다. 매년 있는 일이긴 하지만 백 살을 넘긴 늙은 나무가 이렇게도 싱싱한 생명을 자기 안에 품고 있다는 사실이 놀라울 따름이다.

《모두의 미시마 매거진》[1]에 〈수학의 선물〉 연재를 시작한 지 벌써 다섯 번째 봄이다. 계절 변화에 맞추어 '수학의 선물' 원고와 마주하는 것이 지금은 완전히 생활 리듬이 되었다. 나날이 생각하고 느끼는 것을 꽃이 피거나 익은 열매가 떨어지듯이 말로 자연스럽게 풀어낼 수 있으면 좋으련만, 현실은 컴퓨터와 마주하고 머리를 싸매고 마감에 쫓기는 필사적인 집필이다. 덕분에 계절마다 자신과 마주하고 사고의 궤적을 기록하는 귀중한 기회를 얻고 있다.

수학은 '선물'이다. 이것은 나의 실감이다.

이름도 없는 고대의 수학 애호가들, 아라비아 세계의 천문학자와 근세 유럽의 수학 교사들, 인도의 계산가와 중국의 산술 박사, 그리고 지금도 세계 곳곳에서 수학을 즐기고 있는 남녀노소……. 수학 텍스트에서 다루고 있는 사람들뿐만 아니라 수학을 배우고 말하고 가르치고 탐구해 온 모든 이가 수학이라는 선물을 지키고 키우고 계승해 왔다.

그 수학에 나는 몇 번이나 구원을 받았다. 인생이 던져 준 갈등과 중압감으로 나 자신이 무너져 내릴 것만 같았을 때도 수학을 하는 시간만큼은 왠지 마음이 차분해졌다. 수학은 도움이 된다. 강력한 무기가 되는 경우도 있다. 때로는 수학의 커다란 이상을 품은 사고에 마음이 구원받는 경우도 있었다. 그래서 나는 이 소중한 선물을 미래 세대에게 제대로 전해 주고 싶다.

최근 친구의 아들 T 군과 함께 일주일에 한 번 '수학 문제를 푸는 모임'을 시작했다. 초등학교 3학년인 T 군은 훌륭한 수학 감각의 소유자로 종종 나의 예상을 넘어서는 생각지도 못한 아이디어로 문제를 산뜻하게 풀어낸다. 참가자는 T 군과 T 군의 아버지 그리고 나, 이렇게 셋. T 군에게 질 수 없다는 각오로 어른들도 어느새 진지해진다.

텍스트는 《부드러운 사고를 키우는 수학 문제집やわらかな思考を育てる数学問題集》이라는 러시아에서 만든 문제집의 일본어 번역본을 사용하고 있다. 수학 교육을 잘 아는 친구의 추천으로 선택한 책인데, 지식을 형식적으로 적용하는 데서 그치는 지루한 문제가 아니라 유연한 사고가 필요한 좋은 문제가 많이 들어 있다. 원래는 '중학생과 선생님을 위한 가이드'였다고 하는데, 어른은 물론이거니와 문제에 따라서는 초등학생도 충분히 즐길 수 있는 내용이다.

원래 이 문제집은 구소련의 '수학 서클' 활동에서 탄생했다. 그 서클은 학생, 교사, 수학자 들이 새로운 수학 교육의 가능성을 모색하기 위해서 결성했다고 하는데, '경쟁심을 부추기지 않고 수학을 공부할 수 있는 환경을 만든다'는 이상이 배경에 있었다고 한다.

내가 T 군과 '수학 문제를 푸는 모임'을 시작한 이유도 똑같았다. 수학이라는 선물을 받아든 자로서 제 나름의 답례를 하고 싶다고 하면 좀 과장이겠지만, 아이들과 즐겁고 느긋하게 수학을 할 수 있는 자리를 만들어 보고 싶다는 바람은 오래전부터 품고 있었다. 그런 막연한 생각을 구체적인 행동으로 옮기자고 정한 건 올해에 들어서의 일이다. 연말부터 연시에 걸쳐서 가족이 병원에서 지낸 것이 큰 계기가 되었다.

병원 침대에 누워 있는 아들에게 "퇴원하면 ○○하자." "건강해지면 △△하고 싶네."라고 '지금 이 자리에 없는 미래'에 희망을 위탁하는 것은 무력한 일이다. 그보다는 물은 마실 수 없어도 좋아하는 애니메이션을 볼 수 있다는 걸 기뻐하거나, 소중한 장난감이 눈앞에 있는 것으로 안심하는 편이 내실이 있다. '지금 여기'에는 언제나 작은 선물이 숨겨져 있다는 것을 병원에 있으면서 새삼 깨닫게 되었다.

이상적인 상황과 환경이 갖추어지지 않았더라도 괜찮다. 언제라도 지금 있는 이 자리에서 할 수 있는 것이 있다고 나의 심경은 조금씩 바뀌어 갔다. 아들이 퇴원하여 오랜만에 가족이 교토로 돌아온 뒤, 나는 지금 이 자리에서 무엇을 할 수 있을까를 생각했다. 아이들과 함께 즐겁고 느긋하게 수학을 할 수 있는 자리를 만들고 싶다는, 이전부터 품고 있던 바람이 이때 문득 떠올랐다. 그런 자리를 만들려고 하면 넓은 공간과 교재와 사람 손이 필요했다. 도무지 그런 여유라곤 없었다. 하지만 아무리 현재 상황과 환경이 불완전하다 하더라도 지금 이 자리에서 할 수 있는 일이 있지 않을까? 그런 타이밍에 T 군과의 공부 모임이 시작되었다.

이전에 내가 경애하는 스마트뉴스[2]의 CEO 스즈키 켄鈴木健 씨가 '교육 의무'라는 아이디어를 제창한 적이 있다. 어른이면 누구든지 일주일에 적어도 몇 시간은 아이를 교육하는 의무를 자신에게 지우는 것은 어떤가 하는 제안이었다. "아이라는 존재는 우리가 미래에 선물할 수 있는 메시지"라는 마셜 매클루언Marshall McLuhan.1911~1980의 말에 "아이라는 존재는 미래 그 자체"라고 앨런 케이는 응답했다. 그런데 아이라는 미래를 키워 나가는 활동에 좀 더 가벼운 마음으로 참가해도 좋지 않을까. 새해 초에 촉발된 사고의 흐름과 '교육 의무'라는 말이 내 안에서 하나가 되었고, 어느새 '수학 문제를 푸는 모임'이 시작되어 있었다.

지난달에 공원에서 노는 T 군을 그 애 아버지와 함께 데리러 갔다. T 군은 친구들과 피구를 하고 있었다. 그날도 수학 공부를 할 예정이었기에 "집에 가자!"라고 하는 아버지에게 T 군은 "좀 더 놀고 싶어."라고 졸랐다. 아이들이 신나게 노는 모습을 보고 있자니 나도 T 군의 아버지도 그만 함께 놀고 싶어졌다. 그대로 어른

두 명 vs. 초등학생 여섯 명의 피구 대회가 시작되었다.

공원에 피구 전용 코트는 없다. 선이 그어져 있지 않으니 코트 안과 밖의 경계도 아이들 사이에서 어림으로 공유되어 있을 뿐이다. 처음 참가하는 나에게는 어디까지가 코트이고 규칙이 어떤지가 확실하지 않다. 눈동냥으로 보고 배우면서 그저 필사적으로 볼을 던진다.

15분 정도 맹렬하게 겨룬 다음 시합은 끝났다. 어른 팀의 완패였다. "다음은 경찰과 도둑 게임!" 달아오른 아이들이 곧바로 제안했다. 그네 둘레를 경찰 진지로 정하고 나는 경찰에 임명되었다. 조금 전까지 피구 코트였던 공원이 한순간에 경찰과 도둑이 공방을 벌이는 무대로 바뀌었다.

《빈 터와 유원지原っぱと遊園地》라는 책에서 저자인 아오키 준青木淳은 "이미 거기서 이루어질 것을 알고 있는" 건축 전반을 '유원지'에 비유하고, 반대로 "거기서 뭔가를 하면서 그 내용이 만들어져 가는 건축"을 '빈 터'라고 부른다.

방과 후 초등학생들에게 공원은 빈 터다. 경찰에 잡힌 도둑은 그네에 수감되고 미끄럼틀은 도둑들의 피난처가 된다. 피구에서는 화장실 벽을 이용해서 기습 공격을 하고 큰 나무는 코트를 나누는 안표가 된다. 그네와 미끄럼틀과 화장실의 의미는 거기서 펼쳐지는 행위에 따라서 순식간에 바뀐다.

아이들과 있는 힘껏 놀았더니 기운이 쏙 빠져 버리고 말았다. 마음껏 빈 터에서 논 것이 몇 년 만의 일일까? 초등학생으로 돌아간 기분이었다. 놀이를 마치고 모두 집에 돌아가려고 할 때 T 군의 친구인 H 군이 "나도 T 군 집에서 공부할거야!"라고 말했다. 그날 수학 모임은 평소보다 멤버가 한 명 는 네 명이서 했다. 놀고 있는 건지, 배우고 있는 건지, 가르치고 있는 건지, 가르침을 받고 있는 건지 그런 구별이 의미 없는 시간에 나도 두근두근했다.

《빈 터와 유원지》에는 초등학교에 대한 인상적인 에피소드가 실려 있다. 그것은 아오키 씨가 본 사진 한 장에 대한 이야기다. 티베트의 어느 산에서 찍은 그 사진 속에는 초원 위에 칠판을 세워 둔 한 남자와 그 주위를 둘러싼 십 수 명의 아이들이 있다. 땅바닥에 놓인 납작한 돌을 의자 삼아 삼삼오오 앉아서 아이들은 남자 이야기에 귀를 기울이고 있다. 학교가 먼저 있고 거기서 배움이 시작되는 것이 아니다. 배움이 시작되고 나서 거기에 학교라는 '상황'이 만들어지는 것이다.

피구를 하느라 흙과 땀으로 범벅이 된 아이들과 수학 문제를 풀고 있을 때 그 사진이 떠올랐다. 새로운 배움터를 만드는 것은 장소를 먼저 확보하지 않더라도 가능하다는 감촉이 확실하게 느껴졌다.

지금 나는 이 원고를 교토 헤이안 신궁 근처의 작은 2층 건물에서 쓰고 있다. 언제 지었는지도 알 수 없고 지금이라도 넘어질 것 같은 집이지만, 나는 여기를 새로운 배움터로 삼고 싶어서 며칠 전에 임대 계약을 맺었다. 1층은 서재 겸 작은 도서실로 쓰고, 2층은 아이들과 학생, 친구 들과 함께 공부하는 서당 같은 공간으로 만들고 싶다.

역설적이긴 하지만, '장소가 없어도 자리를 만들 수 있다'고 확신하고 나서 얼마 지나지 않아 나는 새로운 장소를 확보했다. T 군과 공부 모임을 하거나 집에서 아이들과 《백인일수百人一首》[3]를 읽는 '교육 의무'라는 작은 실천을 하다 보니 걸어가야 할 길이 분명해진 것이다. 어느새 나는 근처에 있는 건물을 열심히 찾고 있었다.

《장자》〈제물론〉 편에 장주가 꿈에서 나비가 되는 유명한 구절이 나온다.

> 장주는 꿈에 나비가 되었다. 펄럭펄럭 기분 좋게 날아다니는 나비였다. 스스로 만족하여 자기가 장주인 줄 몰랐다. 이윽고

깨어 보니 장주 자신이 분명했다. '알지 못하겠구나. 장주가 꿈에 나비가 되었는지, 나비가 꿈에 장주가 되었는지!' 장주와 나비 사이에는 반드시 구분이 있다. 이를 일러 물화物化라고 한다.

장주는 꿈속에서 나비가 되었다. 희희낙락하며 마음껏 즐겁게 나는 완전한 나비였다. 나비일 때 장주는 자신이 장주라고는 생각도 못했다. 그런데 눈을 떠 보니 놀랍게도 다시 장주였다. 장주가 나비 꿈을 꾼 건지, 아니면 나비가 장주 꿈을 꾼 건지 도대체가 확실하지 않다. 그러나 "장주와 나비 사이에는 반드시 구분이 있다." 장주는 어디까지나 장주고 나비는 어디까지나 나비다. 자기 자신인 건 변함이 없었지만 어느샌가 다른 것物으로 탈바꿈해 있었던 것이다. 장자는 이 놀랄 만큼 오묘한 생성 변화를 '물화'라고 불렀다.

겨울의 찬 하늘에 마른 가지를 뻗고 서 있는 늙은 나무가 섬세하고 싱싱하고 산뜻한 꽃을 피우고 지나가는 사람들의 마음을 붙잡는다. 그 꽃은 이윽고 져서 대지로 돌아갈 것이다. 겨울이 봄으로, 산 자가 죽은 자로 넘어가는 것이 아니다. 지금이 지금이고 자신이 자신인 채로 문득 알아차리고 보면, 겨울이 봄이고 산 자가 죽은 자인 것이다. 자연은 끊임없이 '물화'되어 간다. 그래

서 지금 있는 장소를 인수하는 것은 지금 있는 장소에 머무는 것이 아니다.[4]

오카자키에 있는 오래된 이 작은 상가에서 앞으로 무슨 일이 일어날까? 지금이 지금이고 자신이 자신인 축적의 끝에 나도 이 장소도 이윽고 완전히 다른 것이 되어 있을 것이다. 여기 모인 아이들이 꿈에 나비가 된 장주처럼 상상도 할 수 없는 어떤 것으로 바뀌어서 즐겁게 비상하는 모습을 나는 벌써부터 기대하고 있다.

2018년 4월 1일

---

1 출판사 미시마샤에서 발행하는 웹진.(옮긴이)

2 일본 제1의 뉴스 큐레이션 애플리케이션 서비스 회사.(옮긴이)

3 일본의 고전 시인 100명을 골라 100명의 시를 각각 한 수씩 모은 고전 시집.(옮긴이)

4 저자는 變과 化를 구분해서 쓴다. 變이 어떤 것이 다른 것으로 넘어가 실체가 달라지는 것을 뜻한다면, 化는 실체는 같지만 양태만 다른 것으로 되는 것을 뜻한다. 그래서 變은 '넘어가다'라고 번역했고, 化는 '같다'는 뉘앙스를 살려 '이다'와 '되다'로 번역했다.(옮긴이)

수와 마음

긴 출장을 마치고 오랜만에 교토로 돌아왔다. 바로 몇 시간 전만 해도 야자수가 늘어서 있는 니치난 해안선을 차로 달리면서 미야자키의 웅대한 자연을 마주하고서 한순간 숨이 멎고 말았었다. 그 모든 것이 지금은 먼 기억의 저편에 있다. 비가 내리는 히가시야마 기슭에서는 개구리 울음 소리만이 들린다. 수로의 물 위를 개똥벌레 한 마리가 날고 있다.

집에 도착해서는 조심조심 현관문을 연다. 한참 전에 잠들었을 아들을 깨우지 않기 위해서다. 내 가슴에는 오늘 강연을 한 미야자키의 고등학생들에게 받은 큰 꽃다발이 안겨 있다. 달콤한 백합 향기가 집 안에 퍼진다. 현관 불을 끈 채로 손으로 더듬어 찾아서 소리가 나지 않도록 현관문 자물쇠를 조용히 잠근다.

그때 탁탁탁탁 건강한 발소리가 들린다. 이불 밖으로 나온 아들이 현관으로 달려왔다. 밤 11시가 다 되었는데도 아직 자지 않고 있었던 모양이다. 꽃다발을 안고 있는 나를 올려다보고서 "아빠, 예쁜 꽃을 꺾어 왔네!" 하고 놀란 눈으로 외쳤다. 말투가 마지막에 들었을 때보다도 꽤 어른스러워졌다. 2년 3개월 된 아들과 엿새 만의 재회다.

시라카와 시즈카白川静는 저서《문자강화1》에서 '카조에루'(かぞへる. 세다)라는 말은 원래 '카+소에루'か+そへる로, 후쓰카(ふつか. 이틀), 밋카(みっか. 사흘) 하고 지나간 날을 셀 때 '카'か 음을 '소에'(そえ. 더하여) 하는 것에서 유래했다고 적었다. 기대하고 있는 날을 애타게 기다리면서 '센다', 지난날의 기억을 반추하면서 형체 없는 시간의 흐름에 하나씩 '카'를 더한다. 그렇게 옛날 사람들은 망막한 시간의 흐름에 형태를 부여하려고 한 건 아닐까.

아들이 한 살 반을 지난 무렵부터 둘이서 함께 목욕탕에서 숫자를 세기 시작했다. 탕에 어깨까지 몸을 담그고 입을 맞추어서 "일, 이, 삼, 사, 오, 육, 칠, 팔, 구 십!"이라고 외친다. 물론 아들은 아직 수 개념을 이해하고 있지 못하다. 얼마 전에 아침 식사로 나온 팬케이크를 가리키고 아들에게 "몇 개 있어?"라고 물어보았더니, 아들은 다섯 개밖에 없는 팬케이크를 손가락으로 가리키면서 "일, 이, 삼, 사, 오, 육, 칠!" 하고 자신만만하게 외쳤다.

출장을 떠나며 아들에게 "다음 주에 돌아올 테니까. 이번에는 좀 오랫동안 집을 보고 있어!"라고 말했다. 그러자 아들은 조금 생각하는 듯한 시늉을 한 뒤 "아빠 착한 일 해!" 하고 밝게 배웅해 주었다. 엿새 만에 아들을 안아 올리면서 '그때부터 매일 이 날이 오기만을 기다리며 세고 있었단다.' 하고 속으로 말했다.

셈을 할 수 없는 아이에게 세계는 지금 어떻게 보일까? 간식으로 먹을 쿠키 개수를 평소보다 한 개 줄여 보았는데 아들은 그 사실을 눈치 챈 기색 없이 언제나처럼 그저 소중하게 한 개씩 열중해서 먹을 뿐이다. 자기 전 "오늘은 뭐 하고 놀았어?"라고 물어도 아들은 어제와 그제 일을 아무렇지 않게 말한다. 아들은 자신이 사는 시간에 '카'를 더해 나가는 걸 아직 모르는 것이다. 수로 분절되기 이전의 세계에서 아들은 나보다 '지금 여기'에 훨씬 집중하여 살고 있다.

수에는 '마음의 방향'을 같게 하는 작용이 있다. "엿새 뒤에 만납시다!"라고 약속하면 아직 오지 않은 시간 쪽으로 마음이 간다. "오른쪽에서 두 번째 야자수"라고 말하면 대화를 나누고 있는 사람의 주의가 똑같은 나무 쪽으로 향한다. 수가 세계를 잘라내서 그 잘라내는 방식에 따라서 마음의 방향을 정하는 것이다.

아이는 수를 익히기 전부터 다른 사람과 마음이 맞는 기쁨을 안다. 아들이 하고 싶어 하는 많은 놀이는 단지 그 기쁨을 수수하게 맛보는 유희다. 내가 샤워를 하고 있으면 아들은 자주 욕실 유리문 저쪽에서 "터치!"라고 말하며 손바닥을 문에 갖다 댄다. 흐릿한 유리문 저쪽에 작은 손바닥이 어렴풋하게 나타나면 나도 "터치!"라고 응답하며 유리문 이쪽에서 아들 손바닥과 내 손바닥을 마주 댄다.

그러면 다음에는 "터치!"라고 말하고 발바닥을 유리문에 갖다 댄다. 나도 곧바로 "터치!" 하고 똑같은 자리에 발을 마주 댄다. 우리 둘은 그 행위를 계속 되풀이한다. 손으로 터치를 당하면 손으로 돌려주고 발로 터치를 당하면 발로 돌려준다. 그렇게 둘 사이에 룰이 탄생하고, 아들은 그 룰을 알아차리고서 함께 지키며 즐거워한다.

사람은 타자와 공명하고 공감하면서 사회를 사는 존재다. 행위를 예측하고 예측당하면서 커뮤니케이션하다 보면 그 자리에 자연스럽게 룰이 탄생한다. 사람과 만나면 인사를 하고, 식사를 마치고선 "잘 먹었습니다." 하고 말한다. 명문화된 법률만이 아니라 이 모든 것이 룰이다. 우리는 타자와의 커뮤니케이션을 통해 생성되는 룰을 알아차리고, 그것을 따르고, 때로는 그것에서 애써 일탈하면서 살고 있다.

아들은 아직 수의 의미를 이해하지 못하고 있지만, 곧 수를 익히고 계산 또한 익히게 될 것이다. 계산을 하기 위해서는 룰을 이해하고 그것을 정확하게 지킬 필요가 있다. 별것 아닌 놀이 속에서 계산을 위한 준비는 이미 시작된 셈이다.

나라 곳곳에서 아이들을 대상으로 강연을 할 때, 나는 아이들의 발랄한 에너지에서 힘을 얻지만 동시에 밝은 희망만을 말할 수 없는 스스로에게 갑갑함을 느낀다. 그 아이들이 자식과 손자를 둘 무렵 세계는 어떻게 변해 있을까? 과연 평화롭고 안전한 삶이 가능할까? 솔직히 전혀 예측하지 못하겠다.

사람과 사람 사이의 커뮤니케이션을 통해 탄생하는 룰은 시대와 함께 변해 간다. 그때까지 당연하게 여겨지던 것이 시대가 달라짐에 따라 무너지기도 한다. 교육과 의료, 환경과 경제, 정치와 언론을 비롯한 모든 영역에서 기존 제도가 계속 붕괴하고 있다. 앞으로는 부여된 룰에 적응하는 힘뿐 아니라 새로운 룰이 생성하는 사태에 참여하는 힘도 요구될 것이다.

수를 익히고, 계산을 배우고, 룰에 따라서 기호를 조작한다. 그것도 물론 중요한 일이지만, 애당초 룰이 어디에서 나왔고 무엇을 목표로 해서 공유되고 있는지를 알아차리지 못해서는 모든 것을 잃고 만다.

수를 통해서 마음을 한곳으로 향하게 하되 '지금 여기'보다 넓은 장소에 상상력을 풀어놓는 것, 수에 의해 인간이 조작되는 것이 아니라 수를 자유자재로 구사하는 것은 결코 간단한 일이 아니다.

우리는 셈을 할 수 있기 훨씬 전부터 다른 사람과 공감하고 공명하기를 즐겨 왔다. 수로 세계를 분절하기 전부터 다른 사람과 마음이 일치하는 것을 기뻐해 왔다. 수와 계산이 구석구석까지 침투하여 펼쳐진 세계가 피가 통하는 장소로 계속 있기 위해서라도, 수를 알기 전에 천진난만하게 놀던 원래의 풍경을 잊고 싶지 않다.

2018년 5월 23일

Ⅳ

대화dialogue

오늘은 미시마샤의 미시마 사장과 트로카데로 광장 옆 카페에서 아침을 먹는다. 내가 오렌지 주스를 마실까 포도 주스를 마실까 망설이니, 미시마 사장이 아침 포도에는 체내 시계를 조정하는 기능이 있다고 역설하기 시작한다. 근거가 불분명한데도 무슨 이유에서인지 확신하고 있다. 하지만 그 확신을 다른 이에게 강제하지는 않는다. 알 수 없는 이유로 나도 그것을 믿고 싶어진다. 결국 우리 둘은 포도 주스를 주문한다.

센 강에 걸려 있는 비르아켐 다리를 건너 들레세르 거리로부터 트로카데로 정원을 지나서 샤이요 궁을 통과한다. 에펠탑의 다양한 표정을 즐길 수 있는, 내가 좋아하는 산책 코스다. 파리가 처음이라는 미시마 사장에게 나도 그다지 잘 알지 못하면서 마치 다 알고 있다는 듯한 얼굴을 하고 안내를 한다. 같이 산책을 하는 도중 미시마샤의 교토 사무실 이전 소식을 듣는다. 부동산 업자의 실수로 지금 사무실의 계약 연장이 불가능해져서 갑자기 옮겨야 할 처지에 놓였다고 한다. 이것을 기회로 더 멋진 사무실을 찾을 수 있으면 좋을 텐데……. 열중해서 이야기하다 보니 어디가 어디인지 모르게 되고 말았다.

여행을 오면 세계가 좁은 동시에 넓다고 느껴진다. 며칠 전 베를린에 있는 모리 오가이森鷗外 기념관을 방문했다. 모리 오가이가 메이지 17년에 유학을 떠날 때 요코하마 항을 출발해서 마르세유에 도착할 때까지 한 달 반쯤 걸렸다고 한다. 그랬던 것이 지금은 비행기를 타서 책을 읽고 영화를 보다 보면 어느새 도착해 있다. 이렇게나 유럽이 가까워졌지만 여기까지 오면 아무도 나를 모른다. 본 적 없는 가게와 장소에서 사람들은 내가 알아들을 수 없는 말로 대화를 나누고, 감동을 느끼고, 화를 내고, 웃고, 걱정한다. 내가 있든 없든 세계는 꿈쩍도 않고 펼쳐진다.

일본으로 돌아가면 나는 교토의 오래된 작은 집에서 가족과 친구와 웃고, 울고, 달리고, 자고, 이곳 사람들에게는 통하지 않는 말로 사색하고, 읽고, 쓰고, 계속 말한다. 이 얼마나 좁고도 넓은 세계인가.

어젯밤에는 일본문화회관 홀에서 철학자 프랑수아 줄리앙 François Jullien, 1951~과 대화를 나누는 자리가 있었다. 파리 일본문화회관의 가와시마 게이코 씨와 아르데니 파브리스 씨가 전력을 다해 실현시킨 기획으로, 내가 줄리앙을 대화 상대로 희망한 것은 작년에 그의 책《맹자와 계몽철학자의 대화》를 읽고서 눈이 번쩍 뜨였기 때문이다.

기원전 4세기의 맹자와 18세기 계몽사상가들을 대치시키면서 새로운 도덕 철학을 제안하는 이 책에서, 맹자의 말은 루소와 칸트가 딛고 섰던 바로 그 토양 위에서 예상 밖으로 신선한 빛을 내뿜었다. 또한 도덕의 기초 짓기를 둘러싸고 더 이상 진전이 없던 계몽사상가들의 논쟁도 중국 고대사상의 조명 아래서 점차 풀려 나가기 시작했다. 서양과 동양을 횡단하면서 두 문명의 사고를 뒤흔드는 줄리앙의 솜씨는 탁월했다.

이 책을 읽은 후 줄리앙의 저서 가운데 일본어나 영어로 번역된 책을 찾아 읽기 시작했다. 그렇게 읽은 책 가운데《보편적인 것, 획일적인 것, 공통의 것 그리고 문화 간의 대화에 관하여 De l'universel, de l'uniforme, du commun et du dialogue entre les cultures》에서 큰 영향을 받았다.

줄리앙은 이 책에서 '보편' 개념이 성립되어 온 유럽 고유의 역사를 서술하고, 언뜻 '보편'과 비슷해 보이지만 다른 개념인 '획일적인 것'과 '공통의 것'이 만연한 현대 세계의 상황을 부각시킨다. 획일성의 폭력에 무릎 꿇거나 좁게 제한된 공통성으로 도망가지 않는 제3의 길을 모색하기 위해서, 그는 '보편' 개념에 다시 활력을 불어넣고자 한다. '보편화 가능하다는 것'과 '보편화하는 것'을 구별하는 그의 제안에 자극을 받아서 나는 수학에서 '보편'이라는 주제를 다시 탐구하기 시작했다.(이후 진행된 사고를 정리해 《신초新潮》지 2018년 7월호에 〈'보편'의 탐구〉라는 제목으로 기고했다.)

나는 그와 대화하는 날을 진심으로 기다렸다. 물론 대화가 만만치 않을 거라고 예감하고 있었다. 이벤트가 실현되기로 결정되었을 때, 깊이 생각해 보지도 않고 대화가 영어로 진행될 거라고 믿었던 것이다. 나의 이런 생각이 스태프를 통해 줄리앙에게 전달되었는가 본데, 줄리앙은 꽤 엄격한 말투로 내가 일본어로 이야기하지 않는다면 자기는 나가지 않을 거라고 대답했다고 한다.

'대화'를 뜻하는 'dialogue'라는 말은 'dia+logos'에서 왔다. 다시 말해 대화는 '언어'logos를 통해서 '가로질러'dia 나가는

'틈새'écart를 전제로 한다. '획일적인 것'과 '공통의 것'으로 쉽게 틈을 메우려는 것이 아니라, 어디까지나 극복하기 힘든 격절隔絕에 직면한 채로 서로의 말을 '번역'해 나가는 것. 그 긴장 속에서 자기의 말을 다시 직조하는 것. 그렇게 품과 시간이 드는 과정이야말로 '보편적인 것'에 이르는 길이라고 그는 말했다.

일본어를 모어母語로 하는 나와 프랑스어를 모어로 하는 그의 대화는 각자의 모어 통역을 중간에 두고 이루어지지 않으면 안 된다는 것이 그가 대화를 수락하면서 한 발도 물러서지 않은 조건이었다.

대화 당일, 줄리앙은 예정보다 두 시간 가까이 늦어서 이벤트 시작 15분 전에야 나타났다. 이것이 그와의 첫 대면이었다. 스페인에서 귀국하여 공항에서 바로 왔지만 도로가 혼잡해서 늦었다고 했다. 잇따른 질문을 받고 무심코 영어로 대답하려고 했더니 그가 곧바로 막았다. "영어는 하지 마세요."

이날 이벤트에서는 대화에 앞서 내가 먼저 한 시간짜리 강연을 하게 되어 있었다. 순차통역이 들어가므로 실제로는 30분 정도의 강연이었다. 그 30분 동안 '보편'을 둘러싼 줄리앙의 고찰을 다루고 '아포리아 보편'에서 '생성하는 보편'[1]으로 수학사에서 '보편' 개념이 변화해 온 과정을 돌아본 후, '앎의 방식'의 또 다른 가능성으로서 오카 기요시의 수학과 사상에 대해 말했다.

이 강의를 듣고 줄리앙이 응답했다. 그는 먼저 '대화'가 'dia+logos'라는 것, 따라서 서로의 '틈새'로부터 출발하는 것을 확인한 후 그 거리를 넘어서기 위해 '충분한 시간을 들이는 것'이 중요하다고 말했다. 내 강연에 대해서는 수학을 문화로서 포착하려는 접근 방식, 그리고 도겐과 바쇼의 사상과 연결지어 수학을 말하는 방식이 사고를 자극했으며 수학에 대한 생각이 바뀌는 체험이었다고 이야기했다.

그런데 그 뒤로는 언어상의 몇몇 미묘한 뉘앙스 차이 때문에, 실제로는 내가 의도하지 않은 주장에 대한 줄리앙의 반론으로 남은 시간 대부분이 흘러가 버렸다.

줄리앙의 처음 말과는 모순되게 실제로는 대화를 전개하기 위한 충분한 시간이 없었다. 그는 곧바로 아르헨티나로 이동할 일정이어서 남은 시간이 얼마 되지 않았던 것이다. 그 자리에서 둘 사이의 대화에는 더 이상 진전이 없었고, 그는 공항으로 가기 위해 서둘러 회장을 떠났다. 두 사람 사이에 가로놓인 '틈새'는 그대로 열려 있었고, 그것을 넘어설 말들은 만들어지지 않았다.

나는 이번 이벤트를 위해서 준비한 원고를 번역해서 편지로 줄리앙에게 보내려고 한다. 그렇게 우리의 대화를 이어 나가자고 제안할 생각이다. 대화는 시간이 걸리는 것이며 기다림이 무엇보다도 중요하다고 그는 몇 번이나 반복해서 말했다. 우리의 대화는 계속될 수도 있고 계속되지 않을 수도 있다. 어떤 경우라 하더라도 이 답답하고 효율이 나쁜 dialogue를 앞으로도 즐겨 나가고 싶다.

2018년 7월 1일

---

1 모리타 마사오의 사고에 영향을 준 프랑수아 줄리앙은 자신의 저서에서 '보편적인 것'과 비슷해 보이면서 다른 '개념'으로서 '공통적인 것' 이외에 '획일적인 것'을 들고 있다. 현대의 글로벌화된 세계에는 보편성의 가면을 덮어쓴 '획일성'이 구석구석 침투해 있다. 어디를 가더라도 똑같은 광고가 있고, 비슷한 옷을 입고 똑같은 스마트폰을 손에 쥔 사람들이 생활하고 있다. 그 배경에 있는 것은 '필연성'이 아니라 실은 '이편利便성'이고 '경제성'의 원리다.
우리는 이미 '아포리아 보편'을 소박하게 믿을 수 없는 장소에 있다. 그래서 단일성의 폭력에 굴하지 않고 협애한 공통성으로 내빼지 않는 제3의 길을 모색하지 않으면 안 된다고 줄리앙은 역설한다.
줄리앙은 '보편'을 영원부동의 아포리아로서가 아니라 생성의 원동력으로서, 그리고 탐구에 선행해서 이미 '실체'로 있는 것이 아니라 끝없는 탐구와 함께 형성되는 것으로서 본다. 그렇게 함으로써 '획일성'에도 '공통성'에도 회수되지 않는 새로운 '보편성'의 개념을 구상하려고 했다.(옮긴이)

모어母語

프랑스에서 귀국하여 두 주 만에 교토의 집으로 돌아오니 "아빠 잘 다녀오셨어요. 프랑스에 갔다 온 거야?"라면서 아들이 달려왔다. 내가 알고 있던 두 주 전의 '그 아이'보다 말이 꽤 유창하다.

어떤 언어라도 발음할 수 있는 유연한 혀를 갖고 태어난 아이는 커 가면서 그 능력의 대부분을 잃어버린다. 환경에 따라서는 몇 개의 언어를 말하여도 이상하지 않은 아들의 혀는 지금 일본어만을 발음하고 있다.

사람은 자신보다 앞서 있는 자로부터 육체와 함께 최초의 말을 받는다. 열중해서 젖을 빨 때 아이는 '엄마'의 말에 둘러싸인다. 아이의 최초의 사고와 인식은 이때 엄마가 거는 말, 즉

'모어'母語 안에서 형성된다. 아이의 세계는 모어를 통해서 계속 편성되고 동시에 모어의 구조 안에 갇히게 된다.

위대한 철학자이자 수학자인 고트프리트 빌헬름 라이프니츠 Gottfried Wilhelm Leibniz. 1646~1716가 쓴 〈독일어의 단련과 개량에 관한 개인의 의견〉이라는 논문이 있다. 30년 전쟁이 끝나기 바로 직전, 스웨덴군 점령하의 라이프치히에서 태어난 라이프니츠는 정치적으로도 문화적으로도 중심을 잃은 유럽의 후진국 독일을 언어부터 새롭게 세우고자 했다. 모어의 한계를 무너뜨리기 위해서 그것을 새롭게 만들어 내는 발상이 이 논문에 담겨 있다.

라이프니츠의 시대에 독일어는 문화적으로 빈약한 언어라고 간주되었다. 이 무렵 유럽에서 압도적인 권위를 자랑하던 언어는 프랑스어다. 이웃나라의 언어가 큰 영향력을 끼치며 압도적인 힘을 발휘하고 있을 때 그는 모어인 독일어를 빨리 개혁할 필요를 느꼈다.

라이프니츠에게 언어를 개량하는 것이란 무엇보다도 언어를 확충해 나가는 것이었다. 이를 위해 그는 양질의 단어를 수집하고, 경우에 따라서는 잊혀진 단어를 되살리고, 훌륭한 외래어를 독일어의 친구로 받아들이고, 필요하다면 새로운 단어를 처음부터 만들 것을 제안했다.

그는 구체적인 물건과 수공업에 관련된 사물에 관해서는 독일어에 이미 충분한 어휘가 있다고 자부했다. 반면 다섯 가지 신체 감각으로 감지할 수 없는 추상적인 것, 예를 들면 논리학과 형이상학에서 화제가 되는 사안에 대해서는 "독일어의 결함이 두드러진다."라고 진단했다.

라이프니츠의 사상을 계승한 크리스티안 볼프Christian Wolff. 1679~1754는 독일어 개량 계획을 조직적으로 실천했다. '개념'을 의미하는 Begriff와 '수'를 의미하는 Zahl, '거리'를 의미하는 Abstand 같은 말은 모두 볼프 이후에 보급되었다. 메이지 시대 일본인이 문화 언어의 규범으로서 열심히 배운 것은 이렇게 개량된 이후의 독일어다.

그런데 모어를 개량하고 육성하는 이 프로젝트는 언어와 관련한 라이프니츠의 과업 중 하나에 지나지 않았다. 이와 함께 그는 새로운 인공 언어 창조를 도모했다. 라이프니츠 학문의 출발점인 〈결합법론〉(1666)에 이미 그 구상의 싹이 있다. 거기서 그는 [2 이상의] 모든 자연수를 소수의 곱으로 얻을 수 있는 것과 똑같이 모든 개념 또한 '원시 개념'의 결합을 통해 얻을 수 있다는 착상을 제시했다. 예를 들면 15라는 자연수가 3과 5라는 소수의 곱으로 실현되듯이, '인간=이성적 • 동물'처럼 개념은 그것보다 원시적인 개념의 결합에 의해서 실현된다고 생각한 것이다.

라이프니츠는 드디어 이러한 개념들끼리의 결합을 연산의 한 종류로 보는 견해를 확립한다. 원시 개념에 적절한 기호를 부여하고 기호를 매개로 한 원시 개념들 사이의 결합을 연산이라고 간주할 수 있다면, 개념의 생성 과정 자체를 어떤 종류의 '계산' 과정으로 볼 수 있다는 것이다.

나아가 그는 논문 〈수로 추론을 검사하는 방법〉(1679)에서 "개념 혹은 사상을 정확하게 표현하는 적절한 기호를 고안해서 새로운 기술記述 언어"를 만듦으로서 "실제로 가장 난해한 진리조차 계산만으로 판단"할 수 있게 되는 가능성을 그린다. 컴퓨터가 탄생하기 300년 앞서서, 계산하듯이 진리를 발견할 수 있는 새로운 언어의 창조를 꿈꾼 것이다. 모어 육성이라는 점잖은 목표에 비해 훨씬 장대한 구상이다.

이 구상은 19세기 후반 고틀로프 프레게Gottlob Frege.1848~1925라는 수학자에 의해서 현실화된다. 수학적 사고라는 한정된 영역에서이긴 하지만, 프레게는 라이프니츠의 꿈을 갈고닦아 수학 개념의 형성과 정확한 추론을 위한 새로운 기호 언어를 만들어 냈다. '개념 표기법'이라고 이름 붙여진 그것은 어휘, 문법, 추론 규칙이 모두 명시적으로 특정된 획기적인 인공 언어다. 이 인공 언어가, 이후에 나올 컴퓨터와 그것에 의해서 가능해질 인공 언어의 초석이 된다. 모어로부터의 해방을 바란 라이프니츠의 꿈은 이런 과정을 거쳐 생각지도 못한 모습으로 현대까지 전해져 온다.

내 아들은 태어나자마자 가까이 있는 종합병원으로 옮겨져 두 번의 수술을 받고 생후 최초의 한 달을 신생아집중치료실에서 보냈다. 따라서 엄마에게 안기는 것도 젖을 먹는 것도 처음에는 할 수 없었다. 엄마의 말 대신 삐- 삐- 하는 경보음에 둘러싸여 있었다.

세상에는 하늘이 있고, 바람이 불고, 고요가 있고, 더위와 추위가 있다는 것을 하루라도 일찍 아들이 알게 해 주고 싶었다. 하늘이 파랗다는 것, 바람이 부드럽다는 것, 고요 속에서 세계가 계속 움직이고 있다는 것을 아들과 나누고 싶었다.

그래서 아들이 병원 바깥으로 첫 걸음을 내딛었을 때의 기쁨이 각별했다. 아들이 태어나서 딱 한 달이 되던 날의 아침이었다. 3월의 하늘은 맑고 청명했다. 바람은 시원하고 햇살은 눈부셨다. 아들은 신기하다는 얼굴로 눈을 뜬 후 안심한 듯 편안한 표정으로 눈을 감고 잠들었다.

2년 하고도 6개월이 지난 지금, 아들은 힘 있게 많은 말을 할 수 있게 되었다. 빗소리를 듣고 몸에 부딪히는 빗방울을 느길 때마다 아들에게서 터져 나오는 "비"라는 말소리에 실감이 깃든다. 친구와 노는 기쁨이나 저녁 무렵의 쓸쓸함, 또는 다쳤을 때의 아픔과 함께 바람이 불어올 때마다 "바람"이라는 말의 색채가 늘어난다. 아들은 자기를 둘러싼 모든 것으로부터 말의 생명을 길어 올리면서 앞으로 모어를 키워 나갈 것이다.

줄리앙과의 파리 대담은 맥없이 끝나 버렸지만, 뜻하지 않게 그 과정에서 모어로 대화한다는 것의 의미를 깊이 생각하게 되었다. 무엇보다도 대화에 임하는 줄리앙의 자세가 인상에 강렬하게 남았다. 줄리앙은 통역을 거치면서 변형되어 가는 나의 말에 시종 귀를 기울이면서 아는 것보다는 모르는 것의 답답함을 즐기는 듯 보였다.

　틈새의 저편에서 울려 퍼지는 목소리에 귀를 기울이고, 모르는 긴장 속에서 언어를 직조하는 것이 대화라면 우리는 생을 받은 그 순간부터 하나의 대화에 던져지는 것은 아닐까.

　봄빛, 바람 냄새, 벌레들이 우는 소리를 온몸으로 느끼면서 최초의 말이 피어나기를 기다리는 아이는 이미 그 대화의 입구에 있는 건지도 모르겠다.

2018년 9월 1일

탐험가

얼마 전에 아들의 유치원 체험학습에 가 보았다. 동물 봉제인형을 손에 들고 동요를 부르는 선생님들을 얌전하게 앉아서 지긋이 바라보는 다른 아이들과 달리 아들은 방 안을 돌아다녔다. 그러다 급기야 선생님 앞에 쓰레기통을 갖다 놓고는 희희낙락하며 다이빙을 했다. 유치원에서 아이들이 지키기를 기대하는 규범에서 일탈한 행동을 보이는 게 분명했다. 나는 그 자리에서 아들을 야단쳐야 하나 말아야 하나 망설였다.

지킬 수도 있고 깰 수도 있는 '규범'에 따라서 인간은 사회를 산다. 똑같은 규범에서 존중해야 하는 '지혜'를 보는가 아니면 넘어서야 할 '편견'을 보는가에 따라 현실은 꽤 다르게 펼쳐진다. 아이를 기르다 보면 지혜와 편견을 가르는 선을 어디에 그어야 하는가를 두고 자주 어려움에 직면하게 된다.

환경으로부터 닫힌 컴퓨터에 적절한 규칙을 제공한다면 기계가 지적으로 행위할 수 있다고 믿던 시대도 있었다. 지금은 주어진 규칙에 복종하는 것만 가능한 기계는 그 규칙에 따라 미리 규정된 틀 바깥으로 나갈 수 없고, 정해진 문제를 푸는 것 이상의 지성을 발휘하지 못한다는 사실이 점차 밝혀지고 있다.

이에 따라 컴퓨터에 신체를 부여하여 현실의 환경에 열려 있게 함으로써 상황에 맞춰 유연하게 행위할 수 있는 기계를 만들려는 움직임이 나오고 있다. 조건이 잘 통제된 이상적인 공간에서 이성적으로 추론하는 능력뿐 아니라, 여러 장애물이 있고 예측할 수 없는 것들로 가득한 환경을 어떻게든 헤쳐 나갈 수 있는 힘도 마찬가지로 훌륭한 지성이라는 인식이 여기에서 싹튼다.

요즘 교실은 여러 장애물이 치워지고 예측 바깥에 있는 것들이 배제되어 여전히 노이즈가 적은 공간이다. 거기서는 배우는 자의 자율적인 행위를 통해 무언가가 바뀔 일이 없는 '움직임 없는' 지식이 공급(된다고 짐작)된다. 최근 수십 년 동안 인지과학에서 인간의 사고와 인지가 어떻게 환경으로 흘러넘치는가를 밝혀 온 데 반해 교실에 갇힌 아이들은 환경으로 흘러넘치지 않도록 아직도 신중하게 관리되고 있다. 이 특수한 공간 안에서 얌전하게 수업에 참가할 수 없는 아이도 있다. 과연 아이의 그런 행위는 존중해야 하는 지혜에 대한 경의를 잃어버린 버릇없음일까, 아니면 근거 없는 편견을 넘어서려는 도전일까? 그것을 판별하기란 간단하지 않다.

현대는 당연하게 여겨지던 다양한 규범이 소리를 내며 무너져 가는 시대다. 규범에는 지혜와 편견이라는 양면이 있어서 실제로는 이 둘을 구별하기 어려운 경우가 많다. 규범이 비교적 안정되어 있을 때는 그것을 지혜로서 존중하고 함께 지탱함으로써 사회의 예측 가능성을 유지할 수 있다. 그런데 규범이 고속으로 변해 가는 지금엔 얌전하게 규범을 수용하는 순종보다는, 규범을 지혜로 보는 관점과 편견으로 간주하는 관점을 자유롭게 오갈 수 있는 유연함이 필요하다. 똑같은 룰을 보호하고 지켜야 한다고 고집스럽게 말하는 것도 아니고 맹목적인 나쁜 믿음이라고 깔보는 것도 아닌, 임기응변으로 관점을 바꾸면서 복수의 현실을 병행해서 살아가는 힘이 필요한 것이 아닐까. 우리는 한 가지 이야기만 믿어도 되던 시대보다 더 불확실하고 지적 부하가 큰 시대를 살고 있다.

불확실한 시대에는 언제나 공포를 부채질하는 담론이 만연한다. 그러나 "패닉 상태에 빠지지 말고 망설여라!"라고《사피엔

스》와《호모 데우스》를 쓴 유발 하라리Yuval Harari.1976~는《21 세기를 위한 21가지 제언》에서 충고하고 있다. 왜냐하면 불확실한 미래를 두려워해서 패닉 상태에 빠지는 것은 불확실한 미래는 '나쁜' 미래라고 결정해 버리는 오만함이라는 동전의 뒷면이기 때문이다. '망설임'은 패닉보다 겸허한 자세다. 사고를 멈춘 채 "무서운 미래가 온다!"라고 외치는 것보다는 '무엇이 일어나는지 완전히 모르겠다!'라는 곤혹스러움을 느끼면서 계속 생각하는 편이 더 나은 자세다.

나도 지금 곤혹스러움을 느끼고 있다. 앞으로 어떤 시대가 찾아올 것인지, 겨우 10년 뒤 세계가 어떤 장소가 되어 있을지 나는 상상도 할 수 없다. 이런 시대에 '아이에게 어떤 교육을 시켜야 하는가'를 주제로 같은 세대의 아이를 둔 부모에게 질문을 받는 경우가 있다. '아이에게 교육을 시킨다'는 발상 자체를 버리는 것이야말로 제일 먼저 해야 할 일이 아닐까. 나는 그렇게 생각한다.

'아이에게 교육을 시킨다'라고 할 때는, 자신은 '배움이 끝난' 어딘가에 있고 아이는 앞으로 '배우는' 시기에 돌입한다는 생각을 머릿속에 품고 있는 것이 아닐까. 그러나 제도와 규범이 유동하는 현대에 배움이 끝날 일은 없다. 배운다는 것은 안정된 대지 위에 피라미드를 세우는 것이라기보다는 거친 파도

위에서 서핑보드를 계속 조종하는 일에 가깝다. 끊임없이 중심과 자세를 조정하면서 계속 움직이고 생각하지 않으면 안 되는 것이다. 토대를 고정하고서 인생 초반에 축적한 지식으로 꾸려 나갈 수 있을 정도로 더 이상 세계는 단순하지 않다.

> 나는 연구자investigator다. 나는 탐험해 들어간다. 나는 특정 관점을 갖지 않는다. …… 탐험가explorer는 전혀 수미일관하지 않다. 자신이 언제 어느 순간에 놀랄 만한 발견을 하게 될지 그는 결코 알지 못한다.

마셜 매클루언의 말을 가려 모은《매클루언 핫 & 쿨McLuhan Hot&Cool》에 매클루언 본인이 기고한 어느 구절이다. 그는 특정 관점에서 세계를 전망하고 수미일관한 이야기를 구축하는 것이 아니라 전모를 파악할 수 없는 미지의 세계에 자기 자신을 던져 놓고서 탐험해 들어간다는 의미에서 스스로가 '연구자'라고 선언하는 것이다.

그가 'make probes'라고 쓴 걸 '탐험해 들어간다'라고 번역해 보았다. probe는 '탐침'과 '탐색침'이라는 의미로, 'make probes'는 바깥에서 바라보는 대신 알고 싶은 세계로 들어가서 온몸으로 그것을 만져 봄으로써 정보를 얻는 방법을 뜻한다. 안다는 것은 일단 뭔가 작용을 가해 보는 것이고, 배운다는 것은 배워야 할 대상과 함께 자기를 변형시켜 나가는 것이라는 이미지를 생생하게 떠올려 주는 표현이다.

사람은 모두 의미가 확정되지 않은 미지의 세계에 던져진 존재다. 어른도 아이도 '자신이 언제 어느 순간에 놀랄 만한 발견을 하게 될지' 모르는 연구자로서 살 수 있다. 내가 할 수 있는 것은 아이에게 어떤 교육을 시켜야 할지 고민하는 게 아니다. 아이에게 내 지식을 전하는 것도 아니다. 그냥 아이 손을 잡고 똑같은 '탐험가'로서 함께 미지의 세계에 뛰어들어 당혹해하면서, 이 압도적으로 불가사의한 세계를 계속 탐험하는 것뿐이다.

2018년 10월 1일

잴 수 없는 것

지금 우리 집 주차장에 세워 둔 차 안에서 이 원고를 쓰고 있다. 아내가 몸이 안 좋아 요양 중이어서 최근 일주일은 종일 아이 돌보기와 집안일에 매달려 있는 형편이다. 아들이 자고 있을 때가 유일하게 내가 자유롭게 글을 쓸 수 있는 시간이다. 오늘은 아들이 가모가와 강에 가고 싶다기에 차에 태웠더니 곧바로 잠들었다. '지금이다!'라고 생각하고 주차장으로 돌아와 노트북을 열었다.

5년간 계속해 온 이 연재 글을 엮어 오는 3월에 책으로 낸다. 이번 원고가 책에 들어갈 마지막 에세이인 셈이다. 시간을 들여서 차분히 작업하고 싶었지만 현실은 혼자만의 시간을 확보하는 것도 여의치 않은 상황이다. 그런데 세상일이라는 것이 잘 진행되지 않거나 순조롭지 않은 것도 반드시 나쁜 것만은 아니다.

《다이겐카이大言海》라는 사전을 보면 '하카바카시'(はかばかし. 일이 잘 진행되다)와 '하카도루'(はかどる. 일이 순조롭게 되다)의 '하카'はか는 원래 논을 구획할 때 사용한 말이라고 나와 있다. 몇 개의 구획으로 나눈 논을 예전에는 '일 하카, 이 하카……'와 같이 세었다고 한다. 그것이 이윽고 일의 진행이나 진척을 의미하는 말이 되었다.

미덥지 못하게 계속 변해 가는 세계에서 '단위'라는 기준을 만들어 내어 그것에 견주어 세상일을 잰다[하카루(はかる. 재다)]. 이렇게 '견주기'比. ratio를 통해서 세계를 인식할 수 있다는 발상이 수학이라는 행위의 원류다. 측정된[하카라레타(はかられた. はかる의 수동형)] 양量이 그에 대응하는 표상[1]을 조작하여 '계산'計算이 가능해지게 된다. 수천 년에 걸쳐서 수학은 이 계산이라는 행위에 숨겨진 가능성을 일궈 왔다.

모든 계산을 수행할 수 있는 기계(컴퓨터)가 사회 구석구석까지 침투해 있다 보니 모든 것을 '하카'(측정하다測, 계산하다計, 양을 재다量)[2]함으로써 편리와 효율성을 더욱 추구하려는 움직임도 나온다. 그런 시대에 '일이 잘 진척되는 것'은 그렇지 않은 것에 비해서 더 옳다고 당연한 것처럼 믿게 되었다.

그런데 아이가 사는 세계에는 일이 순조롭게 되어 가는지를 재는 기준이 없다. 세상일에 단위라는 잣대를 들이대어 고정된 척도와 비교해서 재는 발상 자체가 없다. 측정이 없는 세계를 측정하지 않은 채 아이들은 모든 순간을 온몸으로 살아낸다.

크리스마스에 산타클로스에게서 받은 큰 덤프트럭 장난감으로 강가 모래밭의 돌을 모아서 옮기는 일이 너무 재미있어서 아들은 지금 어쩔 줄 모른다. 춥기도 하고, 아이라고는 자기밖에 없는 모래밭이지만 아들은 그 놀이에 완전히 빠져서 돌을 나른다. 내가 있는 쪽을 돌아보고는 "큰 돌을 찾아보자!"라며 신바람이 난 목소리로 말을 건다.

비가 내리기 시작한다. 나는 아들을 이대로 두면 감기에 걸리겠다 싶어 걱정이 된다. 아들은 조금 전까지와 다름없이 담담하게 계속 돌을 나른다. 내 머릿속은 언제나 '지금'을 과거와 미래와 견주면서 '재는' 일로 바쁘다. 그에 비해 아들은 잴 수 없는 '지금'에 온몸으로 빠져들어 있다. 무수히 굴러다니는 돌들 속에서 "이것"이라는 돌을 골라내는 아들 모습을 보고 있노라면, '헤아리다'라든지 '골똘히 생각하다'라는 게 이런 걸 말하는 건지도 모르겠다고 생각하게 된다.

딱 1년 전, 아들은 도쿄의 병원에 입원해 있었다. 아들이 연말에 입원하게 되자 별것 아닌 평온한 하루하루가 얼마나 덧없는지(하카나이はかない)를 실감할 수 있었다. 그 덧없음 속에서도 눈을 뜨기만 하면 밝은 빛이 들어온다는 사실 또한 이때 배웠다.

"감동을 담아 말하려고 하는 대상에서 문득 번뜩이는 것을 느꼈다면 그 인상이 사라지기 전에 곧바로 표현해야 한다."라고 바쇼는 말했다.

아무런 생각 없이 단지 온몸으로 현재를 살아내는 아이의 세계는 덧없는 순간의 '빛'에 안겨 있다.

가라키 준조唐木順三, 1904~1980는 저서 《무상無常》에서, 왕조기의 궁정이라는 정체된 공간에서 태어난 '덧없음'이라는 정서가, 병사들의 실존 체험에 근거하여 '무상'이라는 실감으로 전환되었고, 그것이 도겐에 이르러 이윽고 냉엄한 사실로서의 '무상관'無常觀으로 변화해 간 과정을 세세하게 그려 내고 있다.

'덧없음'(하카나시はかなし)이라는 제목이 붙은 이 책의 제1장에 다음 구절이 나온다.

무상無常의 무無, 니힐리즘nihilism의 니힐nihill[3]에서 불안과 근거 없음을 느낄 때 사람은 유상有常, 항상恒常을 추구한다.

절대적인 것, 권위를 찾는다. 그리고 그 절대적인 권위에 의지해서 자기의 안정화를 도모한다計. 가지각색의 생각이 여기에서 출현하는데, 사람에게는 그것을 가지각색의 것 중 '하나'라고 생각하고 싶어 하지 않는 경향이 있다. 이렇게 특수한 것이 절대화된다.

순조롭게 진행되는 것, 잘 진척되는 것, 그리고 모든 것이 생각대로 잘 되어 가는 것이 요즘엔 절대 가치인 것처럼 신봉되고 있다. 이런 세계에서는, 세계에 척도를 갖다 대고 세상일을 그에 견주어 상대적으로 재는 것이 특수한 행위라는 점을 새삼 돌아보는 일이 없다.

척도가 없는 세계에 사람이 만든 척도를 들이대어 본다. 그렇게 할 때 비로소 열리는 세계가 있다. 그런데 재고, 가늠하고, 진척되어 가는 것에만 기를 쓰다가 잴 수 없는 순간의 빛을 잡을 수 없게 된다면 그것이야말로 본말전도다.

비가 거세지지는 않을까, 감기에 걸리지는 않을까, 일이 생각대로 진행되지 않는 것이 아닐까, 그런 걱정만 하고 있다. "아빠 도대체 무얼 찾고 있는 거야?" 지금 눈앞에는 이렇게 큰 돌이 있는데.

일이 순조롭게 진행되고 진척되는 것만으로는 잡을 수 없는, 잴 수 없는 순간의 선물이 있다. 그 홀연히 사라져 가는 빛을 '사라지기 전에 마음에 담기' 위해서는, 역설적이긴 하지만, 분절화를 통해 우리를 이끌어 줄 말들 하나하나에 생명력을 담아서 성심성의껏 키우고 단련시켜 나갈 필요가 있다.

세상의 덧없음에 정색하고 나서는 것이 아니라, 순조로운 진행과 진척에 묶이지 않은 채 잴 수 없는 이 세계를 헤아리고 골똘히 생각에 잠긴다. 거기에 뜻밖에 도래해 오는 현재라는 선물을 나는 내 언어라는 포충망으로 붙잡고 싶다.

순조롭게 진행되지 않고 잘 진척되지 않는 시간의 밑바탕에 현재라는 순간의 빛이 있다. 그 사실을 깨우쳐 준 아들이 뒷좌석에서 잠들어 있다. 소곤거리는 숨결이 들려온다.

한 해가 이제 곧 끝나려고 한다.

2018년 12월 31일

1 지각 작용을 통해 의식에 나타난 지각 대상의 모양.(옮긴이)

2 일본어로는 모두 하카루はかる다.(옮긴이)

3 니힐nihill: '허무'라는 뜻의 라틴어.(옮긴이)

닫는 글

《이와나미 고어 사전岩波古語辭典》에는 '오쿠리'(おくり. 보냄)와 '오쿠레'(おくれ. 늦음)가 뿌리가 같은 말이라고 나와 있다. 확실히 '오쿠리모노'(贈り物. 선물)를 할 때는 언제나 '늦게나마'라는 실감이 함께한다. 마음에 두고 있으면서 전하지 못하고 있던 생각을 늦게나마 누군가에게 보내는 것이다.

사람은 누구든지 이 세상에 뒤늦게 등장한 존재다. 그래서 삶은 끊임없는 배움이다. 자기보다 앞서 이 세상을 살아간 사람들이 생각하고 알아차리고 느낀 것을 새삼 자신의 말로 사고하고 다시 붙잡아 보는 것이다. 이렇게 배우고 발견해 가는 기쁨에도 언제나 '늦게나마'가 함께한다.

배운다는 것은 앞쪽으로 나아가는 것일 뿐만 아니라 자신의 '뒤처짐' 또는 '늦음'에 눈떠 가는 일이기도 하다. 자신의 숙명적인 뒤처짐에 전율할 때 현재는 지금 그대로 선물이 된다.

이 책은 미시마샤와 오랜 기간에 걸쳐 공동으로 작업한 결과물이다.

7년 전에 교토로 이사를 오고 나서 얼마 안 있어 나는 미시마 구니히로 씨를 만났다. 그 후 미시마 씨와 미시마샤 식구들과 함께 때론 출판의 틀에서 훌쩍 벗어난 다양한 실험을 함께해 왔다. 수확을 서두르지 않고 그저 땅을 계속 갈기만 하는 듯한 시간을 그들과 함께라면 언제나 자연체[1]로 보낼 수 있었다.

미시마 씨에게는 불가사의한 힘이 있다. 같은 공간에 있는 것만으로도 함께 있는 사람을 발랄하게 만든다. 그는 사람 안에서 최고로 좋은 부분에 빛을 비춘 다음 그냥 그대로 둔다. 사람은 있는 그대로 좋다는 확신이 생겼을 때 자기 속에 있는 진짜를 끄집어내기 시작한다. 나는 미시마 씨 앞에서는 언제나 진심으로 있는 그대로 좋다고 생각한다.

《모두의 미시마 매거진》에 연재하는 동안 업무를 담당해 준 아라이 미키 씨의 '최초의 감상'을 언제나 기대했다. 말은 쓰는 사람으로부터 나오는 이상으로 읽는 사람으로부터 나오는 것이기도 하다. 이 책은 계절마다 연재를 기대해 준 모든 독자들에 의해서 만들어진 것이다.

말ことば은 본래 일こと의 끝[端(は)]이라고 한다. 말은 사실에 비해서 언제나 불완전하다. 목소리를 통하든 문자를 통하든 말은 사실보다 늦을 수밖에 없는 숙명에 있다.

그런데 말에는 또 일こと을 불러일으키는 힘이 있다. 말은 이때 미래의 단서端가 된다. 사람은 처음부터 있었던 세계의 끄트머리에서 태어나 과거에는 존재하지 않았던 세계의 단서를 제시하고 사라져 갈 수 있다. 늦고, 늦어지는 인간의 말은 이 모순을 그대로 내포하고 있다.

이 책이 독자 여러분에게 닿을 무렵에는 지금의 나는 이미 없다. 뒤늦게 오는 모든 이에게 지금 마음을 담아서 이 책을 선물한다.

2019년 2월 13일

모리타 마사오

1 검도의 근본이 되는 가장 자연스럽고 안정감 있는 자세. 얼굴은 똑바로 앞을 향하며 목을 곧추세우고 양어깨는 같은 높이로 내리며 등을 펴고 아랫배에 약간 힘을 준다. 몸을 움직이거나 상대의 동작에 반응할 때 민첩하고 정확하고 자유롭게 대처할 수 있는 자세다.(옮긴이)

참고문헌

I

목숨을 겂

岡潔.『岡潔「日本の心」』. 日本図書センター. 1997.

澤木興道.『禅談《改定新版》』. 大法輪閣. 1997.

Francisco J. Varela, Evan Thompson, Eleanor Rosch. The Embodied Mind: Cognitive Science and Human Experience. The MIT Press. 1992. (한국어판:《몸의 인지과학》. 김영사. 2013)

풍경

『エウクレイデス全集 第1巻「原論」I-VI』. 斎藤憲, 三浦伸夫訳. 東京大学出版会. 2008.

斎藤憲.『ユークリッド「原論」とは何か 三千年読みつがれた数学の古典』. 若波科学ライブラリー. 2008.

内山興正.『正法眼蔵現成公案·摩訶般若波羅蜜を味わう』. 大法輪閣. 2008.

흘가분한 몸

井本農一.『芭蕉入門』. 講談社学術文庫. 1977.

田中善信.『芭蕉「かるみ」の境地へ』. 中公新書. 2010.

和辻哲郎.『道元』. 河出文庫. 2011.

アドリアン, バイエ.『デカルト伝』. 井沢義雄, 井上庄七訳. 講談社. 1979.

ジュヌヴィエーヴ, ロディス=レヴィス.『デカルト伝』. 飯塚勝久訳. 未来社.

1998.
Desmond Clarke. Descrates: A Biography. Cambridge University Press. 2012.

II

의미

志賀浩二.『数について: はじめからの数学1』. 朝倉書店. 2000.

III

변신

Allan Kay.『アラン·ケイ』. 鶴岡雄二訳、アスキー. 1992.
Plato.『パイドロス』. 藤沢令夫訳. 岩波文庫. 1967.

나비

中島隆博.『「荘子」鶏となって時を告げよ』. 若波書店. 2009. (한국어판: 《장자, 닭이 되어 때를 알려라》. 글항아리. 2010.)
『荘子1』. 森三樹三郎訳. 中央公論新社. 2001.

IV

모어

田中克彦.『ことばと国家』. 岩波新書. 1981.
Gottfried Wilhelm Leibniz.『ライプニッツの国語論 ドイツ語改良への提言』. 高田博行, 渡辺学編訳. 法政大学出版局. 2006.
Gottfried Wilhelm Leibniz.『ライプニッツ著作集1 論理学』. 沢口昭聿訳. 工作舎. 1988.

옮긴이 글

이번 여름에는 많은 시간을 내어 나름의 글쓰기와 번역 작업, 더불어 서재 정리에 쏟았다. 물론 서재 정리는 자발적인 결의에 의해서 이루어진 것은 아니었다.

지난 5월 제주에서 있었던 모리타 마사오 선생의 네 번에 걸친 〈수학 연주회〉에서의 통역과 3박 4일 동안 그와 나눈 이야기들, 그리고 《수학의 선물》 번역 작업이 잠시 잊고 지내던 과거의 기억들을 소환시켜 주었고, 그것이 서재 정리의 결정적 계기가 되었다. 머릿속에 떠오르는 이런저런 이야기들을 재확인하고 음미하고 형태로 남기기 위해서는, 이전에 읽고서 책장 어딘가에 모셔 둔 책과 논문 들을 팔을 뻗으면 닿을 수 있는 장소로 옮겨 둘 필요가 있었던 것이다.

서재 정리 작업을 하다 보니 챙겨야 할 책과 논문보다 버려야 할 책과 논문이 압도적으로 많았다. 그렇지만 모리타 선생 덕분에 다시 읽고 음미할 수 있는 책과 논문 들이 내 앞으로 소환되었다. 그것들과 함께하는 시간이 요즘 나의 큰 즐거움이다.

나 자신의 과거를 돌아보며 절감한 것이 있다. 의외로 들릴지는 모르지만, 나에게는 '쌓아 온 과거' 같은 것이 전혀 없다는 사실이다. 있다고 한다면 '망설임'과 '서성거림', 그리고 '실패'의 과거뿐이랄까.

그런데 정말로 나에게는 '과거'로부터 배워야 할 것이 아무것도 없는 것일까? 지금 나의 뇌에서 과거의 기억이 모두 사라져 버려도 나는 어떤 변화도 없다고 말할 수 있는 것일까? 그렇게 속으로 중얼거렸더니 "잠깐, 그 정도는 아니야!"라는 목소리가 어딘가에서 들려왔다. 그 목소리가 점점 커지더니 과거 나에게 가르침을 준 이들이 일제히 나타나서는 자신들이 내게 무엇을 주었는지 저마다 외치기 시작했다.

돌이켜 보면 결국 나는 사람들이 망설이던 일들을 예외 없이 망설였고 그들이 틀리던 일들을 똑같이 틀려 왔다. 그때마다 책 속에서든 실제로든 누군가로부터 "그래서는 안 된다!"라고 몇 번이나 일침을 맞았다.

그런 일들 가운데 하나가 아이덴티티에 매달리는 것이었다. 오랫동안 나는 누군가가 내 아이덴티티가 무엇이냐고 물어 오면 아무런 망설임 없이 '○○ 연구자'라고 대답하곤 했다. 그런데 요즘에는 누군가 내게 "당신은 교육학자입니까?"라고 물어 오면 "아니요. 아무리 생각해도 교육학자는 아닌 것 같습니다."라고 답할 수밖에 없는 나 자신을 발견한다. "그러면 심리학자인가요?" "그것도 좀 아닌 것 같은데요." "그도 아니면 《수학의 선물》을 번역했으니 수학자입니까?" "무슨 그런 당치 않은 말씀을 하시는지요?"

"그렇다면 도대체 당신의 정체는 무엇입니까?"

"실은 저도 잘 모르겠습니다."

나와 같은 종류의 인간은 아이덴티티가 없다고 하면 없는 셈이다. 실제로 세상의 일반적인 기준에 따른다면 나는 아이덴티티 '상실형' 인간이다. 혹은 아이덴티티가 없다는 것을 나 자신의 '진짜' 아이덴티티라고 생각하고 있다.

《수학의 선물》을 번역하고 음미하면서 다시 한 번 절감한 사실이지만 학문은 그 근본에서 학제적interdiscipline일 수밖에 없다. 그리고 모리타 선생이 잘 보여 주듯이 연구자는 아이덴티티 상실형 인간일 수밖에 없다. 학문(앎)의 토양인 우리의 삶이 이미 학제적인 접근을 요청하기 때문이다. 삶에 어디 분과가 있던가!

길을 걷다 넘어지는 것은 물리학적 경험인가? 사랑하는 이와 이별하고 흘리는 눈물은 생물학적 현상인가? 물에서 산소와 수소를 분리하는 것은 화학적인 경험이고, 카뮈를 읽는 것은 문학적인 체험이며, 미적분 문제 풀기는 오로지 수학에만 바쳐지는 시간인가?

그런데도 우리는 어느 한 가지 접근법을 만능열쇠로 여기고 추앙하고는 한다. 그건 물리학, 생물학, 문학, 수학과 같은 '기계'가 만든 통조림을 살아 있는 골뱅이와 혼동한 결과인지도 모른다.

모리타 선생은 "아이덴티티는 질병"이라고 했다. 삶의, 그 대신할 수 없는 풍요에 다가가기 위해서는 규격화된 틀에서 벗어날 필요가 있다. 그 작업은 수없이 막다른 골목에 맞닥뜨리는 여정이자 적잖은 고통이 함께하는 과정이다. 어쩌면 통조림 속 골뱅이가 숨결을 되찾는 것처럼 불가능할지도 모른다. 그렇지만 그 길 위에서는 살아간다는 일의 풍요롭고 생생한 감촉이 우리를 기다리고 있다.

모리타 선생은 그 길 위에서 《수학의 선물》을 썼다. 스스로 통조림을 깨부수고 박제가 된 삶의 조각들에 생기를 불어넣는 여정의 기록물이 바로 이 책인 것이다. 이 가을, 앎과 삶을 서로 통하게 하고 함께 어루만지는 청량한 바람이 독자 여러분께도 가 닿기를 바란다.

2019년 9월

박동섭

수학의 선물

2019년 9월 25일 초판 1쇄 발행

지은이 모리타 마사오
옮긴이 박동섭
펴낸이 류지호 • **편집이사** 김선경
편집 이기선, 정회엽 • **디자인** 김효정
제작 김명환 • **마케팅** 김대현, 최창호, 정승채, 이선호 • **관리** 윤정안

펴낸 곳 원더박스 (03150) 서울시 종로구 우정국로 45-13, 3층
대표전화 02) 420-3200 • **편집부** 02) 420-3300 • **팩시밀리** 02) 420-3400
출판등록 제300-2012-129호(2012. 6. 27.)

ISBN 979-11-90136-00-6 (03100)

이 도서의 국립중앙도서관 출판시도서목록(CIP)은
서지정보유통지원시스템 홈페이지(http://seoji.nl.go.kr)와
국가자료공동목록시스템(http://www.nl.go.kr/kolisnet)에서 이용하실 수 있습니다.
(CIP제어번호: CIP2019036226)

• 잘못된 책은 구입하신 서점에서 바꾸어 드립니다.
• 독자 여러분의 의견과 참여를 기다립니다.
블로그 blog.naver.com/wonderbox13 · 이메일 wonderbox13@naver.com